国有资本投资公司
实操与案例研究

PRACTICE AND CASE ANALYSIS OF
STATE-OWNED CAPITAL INVESTMENT CORPORATION

周丽莎◎主 编
韩笑妍 王国义◎副主编

中国经济出版社
CHINA ECONOMIC PUBLISHING HOUSE
·北 京·

图书在版编目（CIP）数据

国有资本投资公司实操与案例研究 / 周丽莎主编
. -- 北京：中国经济出版社，2020.12（2023.3 重印）
ISBN 978-7-5136-5773-0

Ⅰ.①国… Ⅱ.①周… Ⅲ.①国有企业－投资公司－企业管理－研究－中国 Ⅳ.①F832.39

中国版本图书馆 CIP 数据核字（2019）第 258298 号

项目统筹　李煜萍
责任编辑　王　帅
责任校对　李若雯
责任印制　马小宾

出版发行　中国经济出版社
印 刷 者　北京柏力行彩印有限公司
经 销 者　各地新华书店
开　　本　710mm × 1000mm　1/16
印　　张　13.75
字　　数　179 千字
版　　次　2020 年 12 月第 1 版
印　　次　2023 年 3 月第 4 次
定　　价　68.00 元
广告经营许可证　京西工商广字第 8179 号

中国经济出版社 **网址** www.economyph.com **社址** 北京市东城区安定门外大街 58 号 **邮编** 100011
本版图书如存在印装质量问题，请与本社销售中心联系调换（联系电话：010－57512564）

本书编委会

主　编

周丽莎

副主编

韩笑妍　王国义

编　委

潘朝金　胡彦清　王　凯　吴红樱

韩嘉怡　叶　慧　李　晋　杨烨青

胡　钰　肖　雪　付学博　孙　琦

李晨雨　张　敏　周雪芬　周　旋

龚媛媛　孙启豪　丁莹莹　老轶住

前言
Preface

党的十八届三中全会以来，以加快监管方式转变，实现国资监管机构由“管资产”向“管资本”转变为改革主导方向的新一轮国企改革正式拉开了序幕。改组组建国有资本投资、运营公司，实现“政资分开”“资企分开”，更好发挥所有权与经营权分离的“缓冲带”和“连通器”功能定位，是本轮深化国有企业改革的重要组成部分，也是以管资本为主改革国有资本授权经营体制的重要举措。

国有资本投资公司以服务国家战略、优化国有资本布局、提升产业竞争力为目标，在关系国家安全、国民经济命脉的重要行业和关键领域，按照政府确定的国有资本布局和结构优化要求，以对战略性核心业务控股为主，通过开展投资融资、产业培育和资本运作等，发挥投资引导和结构调整作用，推动产业集聚、化解过剩产能和转型升级，培育核心竞争力和创新能力，积极参与国际竞争，着力提升国有资本控制力、影响力。实践出真知，我们应该向实践学习。围绕国有资本投资公司进行系统的实操分析，针对试点案例进行解读，对进一步发挥好国有资本投资公司的功能，增强国资国企改革的系统性、整体性和协同性都具有十分重要的现实意义。

本书以国有资本投资公司为切入点，主要从理论背景、实操分析和案例解读三个部分展开研究。理论背景部分主要对国有资产与国有资产管理体制基本概念、国有资产管理体制的历史和政策演变过程、国有资产管理体制的主要模式及经验进行梳理；实操分析部分主要对国有资本投资公司定位、管控模式和管控要点、资本运营和国有资本投资公司治理进行了详细阐述，特别是聚焦实际操作，对国有资本投资公司的组建、政策分析、资本运营、公司治理、法人治理结构等方面进行了分析；案例解读部分主要聚焦国有资本投资公司开展具体的分析和解读，分别从战略定位、管控模式、企业活力及成效经验等维度对试点的一手案例进行归纳总结，以期为后续研究提供借鉴和启发。

本书的出版受到国务院国资委研究中心、高校研究院所以及全国国资国企改革领域多位专家和学者的大力支持。希望这本书中所提供的丰富案例资源以及一些独创性观点，能够为相关领域的决策制定和实践操作提供有益参考。由于笔者水平有限，书中的不足之处，恳请各位专家、读者批评指正。

目录
Contents

第一篇　理论背景

第二篇　实操分析

第三篇　案例解读

第一篇

理论背景

| 第一章 |

基本概念

第一节　国有资产

一、资产

在理解“国有资产”这一概念之前，首先需要正确理解什么是“资产”。所谓资产（assets），是指可作为生产要素投入生产经营过程中，并能带来经济利益的财产。“资产之所以对所有者有用，一方面是因为资产可以是未来事业的源泉，另一方面是因为资产可以用来取得未来收益。”资产是指企业过去的交易或者事项形成的、由企业拥有或者控制的、预期会给企业带来经济利益的资源。①

二、国有资产与国有企业

1. 国有资产

国有资产（state assets）是归国家所有，也就是全民所有，能产生经济和社会效益的各种经济资源，包括各类财产和财产权利。《中华人民共和国企业国有资产法》（以下简称《企业国有资产法》）规定，国

① 杨鹏．我国国有资产管理体制改革研究[D]．长春：东北师范大学，2015.

有资产属于国家所有即全民所有。国务院代表国家行使国有资产所有权。国有资产包括企业国有资产（不含金融企业）、金融企业国有资产、行政事业性国有资产、国有自然资源资产。在现实经济生活中，“国有资产”在概念上有广义和狭义之分：广义的国有资产是指“全民所有即国家所拥有的资源和财产”，是国家以各种形式的投资及其投资收益、拨款、接收捐赠或凭借国家权力取得的，或者依据法律认定的各种类型的财产和财产权利。其实质是最终所有权属于国家，而不是非国家的其他主体。狭义的国有资产可以指国家拥有的具体某一项实物资产或者权益，终极所有权属于国家，可以是企业法人财产权的一部分。

2. 国有企业

在国际惯例中，国有企业仅指一个国家的中央政府或联邦政府投资或参与控制的企业；而在中国，国有企业还包括由地方政府投资参与控制的企业。国有企业是指国家出资并拥有实际控制权的企业法人实体，目前我国的国有企业可以分为国家出资的国有独资企业、国有独资公司、国有控股公司、国有实际控股公司、国有参股公司等几类。国有企业有广义、狭义之分，广义的国有企业是指具有国家资本金的企业，包括纯国有企业（即企业资本金全部为国家所有）、国有控股企业和国有参股企业。狭义的国有企业仅指纯国有企业，包括国有独资企业、国有独资公司和国有联营企业。[①] 国有企业作为一种生产经营组织形式同时具有营利法人和公益法人的特点。其营利性体现为追求国有资产的保值和增值。其公益性体现为国有企业的设立通常是为了实现国家调节经济的目标，起着调和国民经济各个方面发展的作用。

从企业资本构成的角度看，国有企业或公司应包括企业的所有者权益全部归国家所有，属《中华人民共和国企业法》（以下简称《企业

① 《企业国有资产法》第五条规定：“本法所称国家出资企业，是指国家出资的国有独资企业、国有独资公司，以及国有资本控股公司、国有资本参股公司。”

法》）调整的各类全民所有制企业、公司以及《中华人民共和国公司法》（以下简称《公司法》）颁布后注册登记的国有独资公司、由多个国有单位出资组建的有限责任公司和股份有限公司。从企业控制力角度看，“国有公司、企业”还应涵盖国有控股企业，其中，对国有股权超过50%的绝对控股企业，因国有股权处于绝对控制地位，应属“国有公司、企业”范畴；对国有股权属于相对控股的企业，因股权结构、控制力的组合情况相对复杂，如需纳入“国有公司、企业”范畴，须认真研究提出具体的判断标准。①

2016年《企业国有资产交易监督管理办法》（国资委财政部令32号）规定，国有及国有控股企业、国有实际控股企业包括：政府部门、机构、事业单位出资设立的国有独资企业（公司），以及上述单位、企业直接或间接合计持股为100%的国有全资企业，上述单位、企业单独或共同出资，合计拥有产（股）权比例超过50%，且其中之一为最大股东的企业；前述所列企业对外出资，拥有股权比例超过50%的各级子企业；政府部门、机构、事业单位、单一国有及控股企业直接或间接持股比例未超过50%，但作为第一大股东，且通过股东协议、公司章程、董事会决议或者其他协议安排能对其实际支配的企业。②

国有企业在经济发展的不同阶段具有不同的含义。在计划经济时代，受经济上的“一大二公”影响，我国国有企业涵盖了国民经济的各个产业和行业。这一时期的国有企业都由国家计划和行政指令来安排管理，包括经营管理、生产和销售等各个环节，属于国家所有和国家经营。改革开放之后，我国国有企业的组建和经营管理方式开始发生变化，民营资本开始进入社会，并注入国有企业中，国有企业开始了股份制改革，国有控股企业和国有参股企业逐渐增多。其中，国有股份占比多少成为判断一个企业是否属于国有企业的标准，但是这一说法在学术

① 韦桂华．国企改革如何看待“全民所有”[N]．企业家日报，2015-10-20.

② 资料来源：http://www.360doc.com。

界存在一定的争议。尽管如此，国有资本通过其特点在国民经济发展中发挥着巨大的作用，特别是我国进行市场经济改革以来，国有企业改革不断深化，国有资产对我国国有经济的控制力和主导力逐渐增强。

综上所述，国有资产与国有企业之间存在着链条的关系，国家通过国有资产向企业投资入股，对国有资产的经营就形成了国有资本。国家通过出资控制国有企业，通过对国有企业的管理实现国有资产的保值增值，进而实现国有经济的发展壮大，发挥国有经济的主导作用。

第二节　国有资产管理

管理是指在特定环境下，以人为中心，通过计划、组织、指挥、协调、控制及创新等手段，实现既定组织目标的过程。国有资产管理是政府管理的重要组成部分，是国家依据社会经济发展目标对国有资产进行的管理活动。在我国社会主义制度框架内，国有资产管理具有特殊的含义和地位。

一、国有资产管理的含义

国有资产管理是政府以代表人民行使所有权为基础，为实现社会的公共利益和意志，依据一定的产权关系，对国有资产运营全过程进行组织、协调、监督和控制等的管理活动。“其内容的实质是所有权管理，即保护中华人民共和国境内和境外的全部国有资产的所有权，组织实施与体现所有权的监督管理权、投资和收益权、资产处置权。”①

二、国有资产管理的目标

国有资产管理覆盖国有资产运营的各个环节以及各个方面，具体表现为国有资产的投资、经营、收益分配、产权处分以及其他方面。

① 杨鹏．我国国有资产管理体制改革研究［D］．长春：东北师范大学，2015.

国有资产管理的目标定位为国家对国有资产进行管理所要达到的预期目的。根据国有资产管理的实际情况，国有资产管理的目标可以分为总目标和具体目标两个层次。国有资产管理的总目标是国家通过经营管理国有资产而要实现的政治职能、社会职能、经济建设职能和宏观经济调控职能。国有资产管理的具体目标是指国家经营不同类别国有资产所要达到的预期目的。

三、国有资产管理的手段

国有资产管理的手段是指国家管理国有资产的方式、方法和途径。一般来说，国家管理国有资产主要依靠三种手段，即法律、经济和行政。法律手段主要是政府通过立法和执法规范国有资产的经营，维护国家对国有资产的控制、保障国有资产的保值增值。经济手段是指国家运用税收、财政、货币等经济调控方式，对国有资产的经营管理进行调节。行政手段是指国家运用公共政策、行政命令等方式，对国有资产的经营方式进行调整和规范的手段。国有资产管理的三种手段紧密结合，伴随国家国有资产管理体制的改革和完善，国家开始注重运用法律和经济的手段进行管理，行政管理在一定范围和限度内使用，但为了保证国有资产的全民所有属性，行政手段仍不可或缺。党的十九大报告中明确指出，要加快完善社会主义市场经济体制，以完善产权制度和要素市场化配置为重点。因此，国有资产管理应该更多地依靠市场对资源的配置，政府更多使用经济和法律手段进行调节。

第三节　国有资产管理体制

国有资产管理体制，是国家管理国有资产的各项职能的制度化形式，包括一整套的管理组织、管理机构，这些管理组织和管理机构内部的各个层次和各个环节之间有明确的责、权、利关系，形成了一套适应经济发展需要的国有资产管理制度和管理方法。国有资产管理体制体现了国家作为国有资产终极所有者对国有资产运营全过程的组织、协调、监管的一系列活动。具体来说，国有资产管理体制包括组织机构设置、职责权限划分和管理方式等方面，形成了由法律、法规和规章制度共同构成的有机整体。①

一、国有资产管理的机构设置

国有资产管理组织机构的设置为国有资产管理提供了基本的物质技术基础和手段，将管理职责权限的划分得以落实。其中，由谁来对国有资产进行管理，是国有资产管理体制的首要问题，即确定国有资产管理的主体。我国国有资产的产权主体是代表人民和国家来履行国有资产管理职责的组织。国有资产的所有者、占有使用者、管理者、运营者以及经营者等，都是国有资产的产权主体。

1. 国有资产管理机构的类型

从国有资产管理组织形式的地位、职责、管理职能及管辖范围等方面进行分析和划分，可将国有资产管理的机构划分为宏观管理主体和微观管理主体两大类。

国有资产管理的宏观主体包括国有资产监督管理委员会和国有资产管理的专门机构。国务院国有资产监督管理委员会是由国务院组建并领导的政府职能部门，向国务院负责并受全国人民代表大会监督，其主要职责是代表国家行使国有资产的最高所有权，依照《中华人民共和国宪法》（以下简称《宪法》）行使国有资产的投资收益权、资产处置权和监督管理权，颁布国有资产管理的法规和条例，起草有关国有资产管理的法律并在提请全国人民代表大会通过后组织实施。各级人民政府成立的国有资产监督管理机构代表本级政府行使本地区国有资产所有权，

① 杨鹏．我国国有资产管理体制改革研究［D］．长春：东北师范大学，2015.

并受同级人民代表大会监督。国有资产管理的专门机构是国有资产监督管理委员会的常设办事机构，其主要职责是贯彻执行国有资产监督管理委员会的决议、决定，代表其行使日常行政管理职能，组织制定有关法规、制度，对产权经营者和企业法人进行监督，负责国有资产管理的基础工作，如产权市场、资产评估、清产核资、产权界定、收益分配、产权登记和各种文书工作等。

国有资产管理的微观主体包括国有资产营运机构和国有资产经营单位。国有资产营运机构是指由国家独资设立、对国家授权范围内的国有资产具体行使所有者权利、以持股运作方式从事国有资本营运的企业法人或机关法人。国有资产营运机构的主要职责是以所有者代表身份对国有资产进行产权管理，主要负责登记、管理企业的存量资产；负责管理国家以资本金投资形式投入企业的国有资产以及所形成的红利；按国家投入资本的比例，负责选派股权代表和监事会成员；负责审核企业的年度财务报告，并向国有资产监督管理委员会和政府财政部门述职。国有资产营运机构具有以下基本特征：由国家依法投资设立的法人实体，不兼有行政和行业管理职能；经国家授权对一定范围内的国有资产具体行使资产受益、重大决策、选择管理者、产权转让等所有者权利；以持股运作方式从事国有资本营运，通过参股、控股等行为，调整企业的国有资本金的数量或注册资本金的构成，以取得的产权收益改造老企业，投资新建企业，或者兼并、购买其他企业，实现国有资产的优化配置和增值，壮大国有经济实力。国有资产经营单位指占有资产，从事生产、流通等经营活动的企业。国有资产经营单位直接占有并运用国有资产从事经营业务活动，是国有资产的实际经营者和使用者。

2. 国有资产管理主体的层次

国有资产产权主体是履行国有资产出资人职责的机构，《企业国有资产法》第十一条规定：“国务院国有资产监督管理机构和地方人民政府按照国务院的规定设立的国有资产监督管理机构，根据本级人民政府的授权，代表本级人民政府对国家出资企业履行出资人职责。国务院和地方人民政府根据需要，可以授权其他部门、机构代表本级人民政府对国家出资企业履行出资人职责。”遵循国有资产管理体制“分级产权，分层监管”的原则，按产权代表的层次可将国有资产管理主体划分为中央层次、省级层次（包含省、自治区、直辖市、计划单列市）、地方级层次和县级层次。

二、国有资产管理的职责划分①

建立和完善国有资产管理体制是为了形成健全有效的国有资产管理的运行机制。根据国民经济协调、快速、健康发展的客观要求和加强国有资产管理的需要，正确地划分各级政府和各级、各类国有资产管理机构的职责权限，是国有资产管理体制的核心内容，也是完善国有资产管理体制的目标。

1. 国有资产监管机构的职责

国有资产监督管理机构是代表国家履行国有资产所有者职能，专司国有资产综合管理的机构。第一，履行所有者职能。国有资产所有者职能是国家经济建设职能的组成部分。社会主义经济是以生产资料公有制为基础的经济。国有经济在国民经济中处于主导地位，是国家对全社会经济活动实行管理的重要手段和物质基础。国家组织经济建设，首先必须掌握生产资料的所有权，并且以此来制约引导整个国民经济的运行。第二，对国有资产实施全面管理。由国资委集中履行出资人职责，在一定程度上解决了国有资产“多龙治水”、无人负责的问题，强化了专业化监管优势。经过不断探索实践，形成了包括规划投资、产权管理、财务评价、考核分配、资本运营、改革改组、出资人监督、干部管理、党的建设等在内的完整的出资人监管工作链条。国资委构建了统一规范的

① 杨鹏．我国国有资产管理体制改革研究［D］．长春：东北师范大学，2015.

监管政策法规制度体系，有效落实保值增值责任，筑牢了国有资产流失的防线。持续调整优化国有资本布局结构，不断提升国有资本配置效率，深入推进国有企业改革、健全市场化经营机制，充分激发企业活力。

国有资产监督管理机构的管理对象，包括中华人民共和国境内外的全部国有资产。无论是经营性国有资产、非经营性国有资产，还是资源性国有资产，都是国有资产监督管理机构的管理对象。其中包括两方面的管理：一是所有权管理。以所有权为核心的国有资产管理内容包括：国有资本金保值增值考核管理、产权界定、产权纠纷调处、产权登记、清产核资、资产评估、国有资产统计分析等国有资本金的基础管理；国有资产承包租赁管理、国有股权管理、企业集团产权管理、控股公司产权管理、中外合资合作企业国有产权管理、境外国有资产管理、国有产权转让管理等经营管理；国有资产投资管理、国有资产收益管理和国有资产流失查处管理等综合管理。二是占有使用权管理。以占有使用权为核心的国有资产监督管理主要是决策管理。国有资本的运动是空间上并存、时间上继起的连续性运动。从国有资本的投入开始，到国有资本的运营和产出，国有资本的收益和分配，国有资本的再投入、再产出的全过程决策管理，都是对国有资产的占有使用权进行管理，都属于国有资产监督管理机构的管理范围。

2. 中央与地方政府的职责划分

这里的中央与地方政府在国有资产管理上的责权划分可以有三种类型：第一种是“统一所有、分级管理”，即企业国有资产由国家代表全民统一所有，各级地方政府只是受中央政府委托对自己所管辖的企业国有资产履行监管职责，并不享有所有者权益。第二种是“统一所有、分级履行出资人职责并享有所有者权益”，即企业国有资产仍由国家代表全民统一所有，但中央政府与地方政府分别代表国家履行出资人职责并享有所有者权益，这里“统一所有”的意义主要在于，当国家出现紧急或特殊情况，或者国家要进行国资管理体制或国有经济布局的重大调整时，国家可对地方政府监管的国有资产行使最终所有权。第三种是“分级所有”，即中央政府与地方政府分别对自己所管辖的国有资产拥有最终所有权，即中央政府无权收回地方政府对所监管国有资产的所有权。与上述中央与地方政府在国有资产管理上的责权划分关系相联系，还存在一类中央层次的国资管理机构与地方层次的国资管理机构之间的责权关系，主要包括三种：一是上下级关系，即地方层次国资管理机构完全隶属于中央层次的国资管理机构，甚至前者是后者的派出机构；二是完全相互独立的关系，即地方层次国资管理机构只隶属于地方政府，在业务上不受中央层次国资委的干预或指导；三是相对独立的关系，即地方层次国资管理机构由地方政府设立和领导，与国务院国资管理机构不存在隶属关系，但国务院国资管理机构可以依法对地方层次国资管理工作进行指导和监督。

3. 国有资产管理的具体方式

国有资产的管理方式不仅为体制的运行输入动力，而且不断地矫正体制的运行方向，决定着体制运行的效率。国有资产是我国全民所有制经济的具体体现，在我国国民经济中占据主导地位。因此，国有资产管理体制对我国的改革发展和社会主义制度优越性的发挥具有关键作用。国家设立不同的机构和部门，来实施对不同类型国有资产的管理。国有资产按其性质可以分为经营性国有资产、非经营性国有资产和资源性国有资产。为了实现国有资产管理的目标，经国务院授权，可以在各有关社会经济管理部门设立国有资产监督管理机构，分工监督管理不同性质的国有资产。目前在我国，对经营性国有资产的管理主要是通过各级政府直属特设的国有资产监督管理机构——国有资产监督管理委员会（以下简称“国资委”）来实施；对于非经营性国有资产的管理，主要是通过各级政府财政部门来实施；对于资源性国有资产的管理，主要是通过各级政府的资源管理部门以及其他经济管理部门来实施，如：对国有土地资源、国有矿产资源、国有海洋资源的监管主要由国土资源部门负责，对国有林业资源的监管主要由林业部门负责，对国有水资源的监管主要由水利部门负责。

除了上述由各级国资委监管的企业国有资产外，还有其他一些特殊的经营性国有资产是由其他一些政府部门或向国家负责的特定机构来监管的。我国各大国有重点金融企业的国有资产，是由中央汇金投资有限责任公司（以下简称“汇金公司”）代表国务院来履行出资人职责的，而汇金公司又是中国投资有限责任公司（以下简称“中投公司”）的全资子公司，后者作为我国的主权财富基金（SWF），对国务院负责。2013 年 3 月，根据国务院机构改革和职能转变方案，实行铁路政企分开：将铁道部拟定铁路发展规划和政策的行政职责划入交通运输部；组建国家铁路局，由交通运输部管理，承担铁道部的其他行政职责；组建中国铁路总公司，承担铁道部的企业职责；不再保留铁道部。中国铁路总公司是经国务院批准，依据《中华人民共和国全民所有制工业企业法》设立，由中央管理的国有独资企业。自此，我国铁路运输行业的经营性国有资产，特别是其中与国家铁路线路相关的企业国有资产，由财政部代表国务院履行出资人职责，交通运输部、国家铁路局依法对公司进行行业监管。2019 年 6 月，为贯彻党中央关于加快推动中国铁路总公司股份制改革的决策部署，经国务院批准同意，中国铁路总公司改制成立中国国家铁路集团有限公司。我国邮政系统于 2007 年开始正式实行邮政政企分开，中国邮政集团公司与国家邮政局分别挂牌成立，统称“中国邮政”。其中国家邮政局为副部级的邮政行业监管机构，由交通运输部领导；而统辖全国各地国有经营性邮政单位的中国邮政集团公司作为国有独资的央企，则暂由财政部代表国务院履行出资人职责。2019 年 12 月，中国邮政完成公司制改革，变更为中国邮政集团有限公司。中国烟草行业实行的是国家统一领导、垂直管理、专卖专营的管理体制，具体而言就是国家烟草专卖局（属于工业和信息化部管理的国家局)、中国烟草总公司对全国烟草行业“人、财、物、产、供、销、内、外、贸”进行集中统一管理。我国文化产业以及体育产业中的各国有重点企业，仍然分别是由政府的文化管理部门以及体育管理部门履行出资人职责并进行监管。

| 第二章 |

国有资产管理体制的历史和政策演变过程

以 1978 年改革开放为标志，我国国有资产管理体制的演变大体上可以划分为两大阶段。改革开放以前，我国实行的是“一大二公”的计划经济体制，对国有企业的管理采用“条块”管理，国有企业从生产、销售到价格，都由政府直接决定。改革开放以后，我国逐步建立了市场经济体制，这一阶段，国家逐步扩大了国有企业自主经营权，国资监管体制实现了从原来的直接经营，演变到监督管理，再到以管资本为主，适应了市场化、现代化、国际化发展的要求，有力地促进了国有企业的发展壮大。

第一节　新中国成立以来的国资管理体制变革

新中国成立初期，百废待兴，物资及资金严重短缺。为了迅速恢复经济，加快工业化进程，国家必须集中配置资源，建立一套高度集权的国有资产管理体制，以适应高度集中的计划经济体制的要求。这一历史阶段，政府作为国有企业的出资者，对国企采取国有国营方式，对企业承担无限责任。国企并不是真正意义上的法人，在人、财、物、产、供、销等各方面均无自主权。随着我国经济快速发展，国企数量大幅增加，经济关系日益复杂，高度集权体制逐步暴露出政企不分、权责利不明、“条块”分割、多头管理、决策过于集中等矛盾，从而导致软预算约束、效益低下、经营亏损等问题，已经明显不适应生产力发展的需要。

这一时期的国资管理体制可分为四个阶段。

一、新中国成立至“一五”时期：1949—1957 年

我国国有资产的基础主要来自两部分，一部分是没收的官僚资本和敌伪财产，另一部分是解放区人民历经艰苦奋斗建立的公营经济。政府直接掌握全国的铁路、电信、邮政等产业，控制了绝大部分国内外贸易和银行，掌握全国 50% 以上的工业原料和燃料，以及将近一半的棉纱产量。在胜利完成社会主义改造后，我国公有制经济占国民收入的比重达到 92. 2%，建立了以公有制为主体的社会经济结构。新中国成立初期，苏联在能源、机械、原材料等重要领域援建了 156 个工业项目，奠定了国民经济的工业基础。

在高度集中统一的国有资产管理体制下，政府直接组织整个社会的生产和流通，统一调拨企业的人财物，统一决策产供销，市场的作用被完全否定，甚至计划外的市场交易都被视为非法。国有企业按行政隶属关系“条条”管理，实际上变成政府的行政附属机构，收益全部上缴国家，亏损由国家承担，不是真正意义上的企业。国有资产管理的权力高度集中于中央政府，国有企业出资人职能和政府的社会管理者职能不加区分，国有资产投资资金实行统收统支、无偿使用，对生产资料实行计划调拨和统一分配的实物管理是国有资产管理的主要内容。企业只需完成主管部门下达的任务，不考虑国有资产保值增值的目标和责任，基本没有独立的经济利益，也没有生产经营自主权。[①②]

① 资料来源：http://www. docin. com。

② 闵乐．中国国有资产管理体制改革研究［D］．沈阳：辽宁大学，2016.

二、“大跃进”时期：1958—1960年

“大跃进”时期，为了解决中央集权过度的问题，我国决定扩大地方在物资、资金和人事方面的权力，将中央部属企业、基建审批权限、计划管理权限下放地方管理，形成了“条块”结合的国有资产管理体制。政府减少了指令性管理内容，并将短期生产计划、调整机构设置、招工和调配职工等权力下放给企业。企业利润按照全额利润分成制原则分配，企业可用留成资金扩大生产和发放福利。

这个阶段的改革调动了地方政府和企业的积极性，在一定程度上促进了国民经济的发展。但一些企业被下放地方管理后，削弱了国家的宏观调控能力，分散和降低了国有资产的投资规模。由于地方管理经济经验和资源保障能力不足，企业之间原有的协作关系遭到破坏，许多物资、资金和利润被挪用，导致中央财政收入下降，对一些国家重点建设计划的实施和人民的生活水平提高造成了较大影响。

三、国民经济调整时期：1961—1965年

这一阶段，为解决“大跃进”时期权力过度下放导致的局面混乱问题，中央把不适于地方管理的企业收回至中央管理，上收了国有资产投资的审批权，重新实行高度集中统一的国资管理体制。1961年国营企业的利润留成比例被国家调低，1962年以后取消了利润留成制度，建立了企业奖励基金制度，允许企业在利润中提取一定比例奖励基金，用于集体福利和职工奖金。[①]

这个阶段的改革在一定程度上优化了国有资产配置，提高了企业的经济效益，促进了国民经济恢复调整。但再度集权在一定程度上挫伤了国企和地方政府的积极性，并使国有资产管理体制重新趋于僵化。

---

① 闵乐. 中国国有资产管理体制改革研究[D]. 沈阳：辽宁大学，2016.

四、“文革”和拨乱反正时期：1966—1978 年

十年“文革”期间，国有资产管理体制几乎成为“大跃进”时期的翻版。国家再度将国有资产的运营、投资等权限下放给地方政府，并大幅度下放国有企业的管理权。除国防战备、重大基础设施建设、国家物资储备和对外援助等由中央部门直接管理以外，一些关系国计民生的大型骨干企业，如长春汽车厂、大庆油田和开滦煤矿等部属大中型企业也不加区别地下放给地方政府管理。地方政府代表国家监督管理国有资产，掌握了国有资产管理相关的计划、税收、信贷、物资、基建和招工等权力，对国有资产的投资管理实行大包干制度。在物资管理方面，中央各部管理的项目种类也相应减少。国有资产管理权限的下放造成了局面的混乱，极大地影响国民经济发展。“文革”结束后，国家通过拨乱反正，纠正了国有资产管理体制的一些混乱之处。

这四个阶段是在计划经济体制内国家对国有资产管理体制的改良与调整，仅涉及央地之间企业隶属关系的变化，以及国企管理权限的划分，基本未涉及政企关系改革，国有企业仍是政府的附属机构。

第二节　改革开放以来的国资管理体制改革

改革开放以来，我国国有资产管理体制改革始终与国有企业改革相伴而行，适应国有企业改革不同阶段要求，在实践中不断深化，取得了良好效果，形成了具有中国特色的国有企业国有资产监管模式。根据不同阶段在改革目标和主要措施上的区别，国资管理体制改革可以划分为四个阶段。

一、“放权让利”阶段：1978—1992 年

1978 年中共十一届三中全会召开，开启了国有企业“放权让利”的改革之旅。

1978年10月，经国务院批准，四川化工厂、新都县氮肥厂、四川省重庆钢铁公司、宁江机械厂、成都无缝钢管厂和南充钢铁厂6家地方国营工业企业率先实行扩大企业自主权试点，拉开了国有企业改革的大幕。主要试点内容是给企业一个年度经营指标，完成指标后允许提留少量利润用于补充发放职工奖金。1979年2月，四川省制定了《四川省地方工业企业扩大企业权力、加快生产建设步伐的试点意见》，并将试点企业扩大到100户工业企业。1979年5月，国家经贸委等部门选择天津自行车厂、天津动力厂、首都钢铁公司、北京清河毛纺厂、上海汽轮机厂、上海柴油机厂等京津沪的8家企业进行扩权改革试点。1979年7月，国务院下发了《关于扩大国营工业企业经营管理自主权的若干规定》等5份有关企业扩权的文件，明确了企业的责权利，包括产品销售权、利润分配权、生产计划权、资金使用权、外汇留成权、劳动用工权和固定资产有偿占用制度等，并在全国26个省级区域的1590家企业进行了试点。1980年9月，国务院批准全面推广扩大国企自主权的工作，赋予企业在产供销、人财物等方面更大的决策自主权。山东省率先对部分企业试行将利润留成改为利润包干，在企业完成国家上缴利润任务后，余下部分全部留给企业或者在国家和企业之间分成，解决了扩大企业自主权过程中面临的企业多占、财政难保证的问题。1981年10月，《关于实行工业经济责任制的若干意见》出台，工业经济责任制在全国得到了迅速推广。到1982年底，全国有80%的预算内国营工业企业实行了经济责任制。国家对企业实施的经济责任制，从分配方面主要有三种类型：一是盈亏包干，二是利润留成，三是以税代利。1984年5月，国务院颁发了《关于进一步扩大国有工业企业自主权的暂行规定》，从生产经营计划、价格制定、产品销售、资金使用、物资选购、机构设置、生产处置、工资奖金使用、人事劳动管理、联合经营等10个方面放宽对企业的约束。1984年10月，党的十二届三中全会进一步明确了企业是独立经济实体，要自主经营、自负盈亏和自我发展，扩大企业自主权的改革告一段落。

放权让利的深入推进，在一定程度上调动了企业的积极性，但是，由于利润基数确定公平性和科学性无法实现，存在“鞭打快牛”和“苦乐不均”现象，并且无法保证国家财政收入稳定性。1983 年 1 月 1 日，国务院启动第一步“利改税”，采用利税并存，对凡是有盈利的国营大中型企业按 55% 税率计征所得税；1985 年 1 月 1 日，第二步“利改税”启动，全面以资金税和产品税的分类税收方式规范政府和国营企业之间的关系。但是，两步“利改税”不仅混淆了国家的政权代表和资产所有者代表角色，还因为税率过高等严重影响了企业积极性。于是，受张兴让、马胜利等企业家宣传报道的影响，以及在二汽、首钢等企业的示范效应下，1986 年承包经营责任制又被重新重视。1987 年 3 月，六届人大五次会议的《政府工作报告》提出全面推行承包经营责任制。1988 年，国务院发布《全面所有制工业企业承包经营责任制暂行条例》，进一步规范承包经营责任制。在这个阶段，还有两项改革取得进展：一是改革国企领导体制。从 1984 年 10 月开始，国有企业领导体制从党委领导下的厂长负责制转变为厂长（经理）负责制，并在随后几年不断完善。二是组建企业集团。1986—1988 年积极推进了企业集团组建和横向经济联合。①

承包经营责任制调动了企业的积极性，一开始出现了“一包就灵”的现象，但由于它的不稳定性和不规范性，1989 年以后其弊端日益明显，企业利润开始下降。为了整顿经济秩序，清理整顿公司和“三角债”成为经济工作的主基调。在这种背景下，国有企业改革重心更加强调所有权和经营权两权分离下的企业经营机制转变。在 1991 年全国人大七届四次会议审议通过的《关于国民经济和社会发展十年规划和第八个五年计划纲要的报告》中，明确企业经营机制转变的目标是实行政企分开，所有权和经营权适当分离，探索公有制的多种有效实现形

① 资料来源：http://www.360doc.com。

式，建立富有活力的国营企业管理体制和运行机制。1992 年 7 月，国务院颁布了《全民所有制工业企业转换经营机制条例》，规定了 14 项企业经营自主权。这个阶段，在探索企业经营机制转变过程中，一方面企业经营承包制仍在继续完善，截至 1990 年，第一轮 3.3 万多家工业企业承包到期，占全部承包企业总数的 90%，在此基础上，1991 年第一季度末签订了第二期承包。另一方面积极探索股份制、租赁制等模式，以 1984 年北京天桥百货股份有限公司成立为标志，股份制试点日益增多，截至 1992 年底，全国试点企业已达到 3700 家，其中在上海证券交易所上市达到 92 家。这一阶段的改革，为下一阶段建立现代企业制度打下了很好的基础。①

二、现代企业制度创新阶段：1993—2002 年

1992 年 2 月 19 日，《国务院批转国家体改委关于一九九二年经济体制改革要点的通知》指出，国有资产管理体制上体现出来的突出问题：一是政企不分。长期以来，政府集国资管理职能和社会管理职能于一身，各级政府都在办企业，直接干预企业经营，对企业定位不准，导致企业多目标，不能集中于经济效益，运行效率低下。二是政资不分。政府多个部门同时管企业，但都不承担责任。三是企业内部所有者缺位。由于信息严重不对称，一些企业利用所有者权能被分割，谎报数字、追求“政绩”、盲目投资、管理松弛、逃废债务，甚至侵吞国有资产，带来内部人控制的问题。②

1992 年 10 月，党的十四大召开，正式把建立社会主义市场经济体制确立为经济体制改革的目标，提出要加快政府职能的转变，转变的根本途径是政企分开。凡是国家法令规定属于企业行使的职权，各级政府

① 资料来源：http://www.360doc.com。

② 张一鸣．国企改革：在历史的大浪中前行[N]．中国经济时报，2018 - 12 - 03.

都不要干预。下放给企业的权利，中央政府部门和地方政府都不得截留。政府的职能，主要是统筹规划、掌握政策、信息引导、组织协调、提供服务和检查监督①。

1993年11月，中共十四届三中全会通过的《中共中央关于建立社会主义市场经济体制若干问题的决定》明确提出：我国国有企业改革的方向是建设现代企业制度，其主要特征是“产权清晰、权责明确、政企分开、管理科学”；改革的主要任务是引导国有企业确立与市场经济要求相适应的资本和产权的观念，建立现代企业制度，着力解决政企不分、权责不清的问题。还提出建立与现代企业制度相配套的国有资产管理体制，即国家统一所有、政府分级监管、企业自主经营。按照政府的社会经济管理职能和国有资产所有者职能分开的原则，积极探索国有资产管理和经营的合理形式和途径。加强中央和省、自治区、直辖市两级政府专司国有资产管理的机构②。虽然还没有明确提出“政资分开”，但这一理念和国有资产出资人的概念已基本形成，对我国国有资产管理体制进一步改革产生了重大影响。③

为落实党的十四届三中全会精神，推进现代企业制度建设，在机构设置和法律法规、政策上作了部署安排。1993年5月，国家经济贸易办公室改为国家经济贸易委员会，负责研究拟定国有企业改革的政策方针和企业体制改革方案，推进现代企业制度建设；研究发展企业集团和大型企业的政策、措施，指导国有企业实施战略性改组等工作。同期，国家国有资产管理局改为财政部管理的国家局，不再列入国务院机构序列。1994年7月24日，国务院颁发《国有企业财产监督管理条例》，明确国有企业财产属全民所有即国家所有，企业对国家授予其经营管理

① 加快改革开放和现代化建设步伐,夺取有中国特色社会主义事业的更大胜利[EB/OL].[1992-10-12]. http://www.china.com.cn/guoqing/2012-09/12/content_26748045.htm.

② 中共中央关于建立社会主义市场经济体制若干问题的决定[EB/OL].[1993-11-14]. http://www.china.com.cn/chinese/archive/131747.htm.

③ 郭飞.中国国有企业改革:理论创新与实践创新[J].马克思主义研究,2014(5):524-532.

的财产依法自主经营，享有占有、使用和依法处分的权利，规定由国务院代表国家统一行使对企业财产的所有权，实行分级管理和分级监督[①]。1994年9月21日，财政部、国家国有资产管理局、中国人民银行颁发《国有资产收益收缴管理办法》。特别是1995年3月25日，国务院办公厅转发国家经贸委《关于深化企业改革搞好国有大中型企业的意见》，确定100户国有大中型企业建立现代企业制度和3户国家控股公司的试点工作，明确要实行政企分开，搞好企业内部经营管理，逐步建立社会保障体系；56家企业集团要通过国有资产授权经营、母子公司改建、兼并参股等途径和方式，强化产权联结纽带，巩固核心地位；要实现政府社会经济管理职能与国有资产所有者职能分开，国有资产监督管理职能与国有资产经营职能分开，逐步推动政府职能转变[②]。

1996年1月30日—2月1日，国家体改委在北京召开现代企业制度试点工作会议，对30家试点企业提出了新的要求，力求实现八个方面的转变：企业由政府部门的附属物转变为市场竞争主体；由粗放型经营转变为集约型经营；由政府与企业间的行政隶属关系和授权经营关系，转变为政府是出资人和社会管理者、企业是被投资者和被管理者的关系；由对国家授权经营管理的财产享有经营权，转变为对包括出资者提供的资本在内的全部法人财产依法享有法人财产权；由企业单纯对行政主管部门负责，转变为同时向出资者和债权人负责；由厂长、经理负责制转变为公司型法人治理结构；由依照《企业法》运行，转变为主要依照《公司法》运行；由资金来源等于资金占用的会计核算体系转变为资产负债和损益状况的会计核算体系。

体制调整到位需要时间，体制调整的效果显现也需要时间。鉴于历史和体制等多方面原因，国有企业的经济效益一度明显下降。到1997

① 资料来源:《国有企业财产监督管理条例》(1994年7月24日)。

② 关于深化企业改革搞好国有大中型企业的意见[EB/OL].[1995-03-06].http://kns.cnki.net/KCMS/detail/detail.aspx? dbcode=CJFD&filename=SKXX199509012.

年底，国有及国有控股的大中型企业亏损面达 39.1%，亏损额达 665.9 亿元；负债总额 9996.4 亿元，平均资产负债率 79.9%。针对国有企业亏损问题，中央实施了国企三年脱困的改革攻坚战。一方面对煤炭、冶金、纺织、建材等行业进行结构调整；另一方面全面推进“债转股”，以减轻企业债务负担、促进其扭亏为盈。同时，深化养老、医疗、失业等社会保障制度改革，推进下岗职工再就业。①

1998 年 3 月，九届人大一次会议通过国务院机构改革方案，国务院机构改革的目标是建立办事高效、运转协调、行为规范的政府行政管理体系。为落实这一要求，政府职能转变实现了突破性进展，煤炭工业部、电力工业部等 10 个工业专业经济部门被撤销，缩减为经贸委管理的 9 个行业主管司局，在很大程度上消除了政企不分的组织基础。同时，撤销了国家国有资产管理局。经过两年多过渡，又全部撤销了 9 个管理局。

1998 年 7 月 9 日，中共中央成立大型企业工委，负责管理国务院监管的大型国有企业和国家控股企业中党的领导干部，推动党的路线方针政策和党中央、国务院有关精神在大型国有企业的贯彻落实；探索改革和加强大型国有企业党的领导班子建设等有关工作。1999 年 9 月，党的十五届四中全会通过的《中共中央关于国有企业改革和发展若干重大问题的决定》要求按照国家所有、分级管理、授权经营、分工监督的原则，逐步建立国有资产管理、监督、营运体系和机制，建立健全严格的责任制度。国务院代表国家统一行使国有资产所有权，中央和地方分级管理国有资产，授权大型企业、企业集团和控股公司经营国有资产②。在全国上下共同努力下，到 2000 年底，冶金、纺织等亏损行业实现扭亏为盈，国家监控的 14 个亏损行业 12 个有好转，6599 户亏损企业有 4799 户采取多种途径摆脱了困境，脱困率达 72.7%，国有和国有控

① 黄群慧.“新国企”是怎样炼成的——中国国有企业改革 40 年回顾[J]. China Economoist, 2018(1).

② 中共中央关于国有企业改革和发展若干重大问题的决定[EB/OL]. [1999-09-22]. http://www.china.com.cn/chinese/archive/131784.htm.

股工业企业实现利润2392亿元，三年利润翻两番，创造历史最好水平；下岗分流的职工2100万人，基本完成了三年脱困的任务。对下岗失业人员，党和国家予以高度重视，千方百计安置下岗职工。1998—2001年，全国国企有2550万职工下岗，其中有1680万人实现再就业，300多万人通过多种方式得到妥善安置，为改革、发展和稳定创造了较好的经济环境和社会环境。

2001年11月，国务院、各部门和地方政府开始进行机构改革和行政法规的清理。据统计，从2001年下半年到2002年10月，实施以减少行政审批项目为重点的改革，国务院56个部门和单位第一批取消的行政审批项目有789项，有效地促进了政府职能转变，实现政企分开，推动国企成为法人实体和市场竞争主体。

三、国资监管体制创新阶段：2003—2012年

针对国资管理体制中存在的政企不分、政资不分，以及企业经营者缺乏有效的激励和约束等弊端，亟须建立一种既适合国情又符合市场经济规律、既保证国家对资产的所有权又能让国有资产运营充满活力的国有资产管理模式。为此，党的十六大对深化国有资产管理体制改革作出重大决策，明确提出“建立中央政府和地方政府分别代表国家履行出资人职责，享有所有者权益，权利、义务和责任相统一，管资产和管人、管事相结合的国有资产管理体制”。[①]

2003年3月，国务院决定设立国务院国有资产监督管理委员会（以下简称“国务院国资委”），按照国务院的授权专司国有资产监管。国务院国资委的职责是：一方面根据国务院授权和有关法律法规，履行出资人职责；另一方面包括原来中共中央企业工作委员会的职责，国家经济贸易委员会指导国企改革和管理的职责，劳动和社会保障部的拟订

① 徐宏．关于国有资产管理体制改革的思考[J]．商业经济，2011(10)．

中央直属企业经营者收入分配政策、审核中央直属企业的工资总额和主要负责人的工资标准的职责，以及财政部有关国有资产管理的部分职责。

随后，各级国有资产监督管理机构陆续开始组建。截至2004年6月，全国31个省（区、市）和新疆生产建设兵团国资委全部组建完毕。各省和绝大部分地市人民政府也先后设立了国资监管机构，初步建立了新的国有资产管理体制。至2014年底，有203个地市级国有资产监管机构完成组建，占总数的45%；其中，有176个单独成立国资委，占总数的39%。

2003年5月，国务院颁布《企业国有资产监督管理暂行条例》，明确了国有资产管理体制的基本框架，为国资委依法履行出资人职责提供了法律依据。明确在国家统一所有前提下，在国务院、省级、市（地）级人民政府设立专门的国有资产监督管理机构，根据同级人民政府授权，依法履行出资人职责，并按照“权利、义务和责任相统一，管资产与管人、管事相结合”的原则，规定了国有资产监督管理机构的职责和义务。各级政府实行政资分开，国有资产监督管理机构不行使政府社会公共管理职责，政府其他机构和部门不履行企业国有资产出资人职责。这些基本制度是国有资产管理制度的创新，为国有资产管理体制改革提供了法律依据。①

2008年10月，全国人大常委会通过《企业国有资产法》，核心是解决三个问题：一是以法律形式肯定明确了企业国有资产管理体制的基本框架；二是全面规范了履行出资人职责的国资监管机构与国家出资企业的关系；三是重点规定了维护国有资产安全、防止国有资产流失的一系列法律制度②。

按照党的十六大确立的新的国有资产管理体制，我国初步构建了中

---

① 张文魁．改革开放以来国有资产管理体制演进及走向评估[J]．改革，2008(12)．

② 资料来源：《中华人民共和国企业国有资产法》(2008年10月28日)。

央和省、市（地）三级国有资产监管组织体系和基本框架，逐步实现了出资人到位，开始从体制上解决国有出资人缺位、所有者分散、责任不清等问题，落实国有资产保值增值责任，初步解决了政资不分、政企不分的问题，初步探索出一条中国特色国有企业改革发展道路。“分级代表，享有所有者权益”体制的建立，激活了国资运营积极性，强化了各级政府的责任意识，调动了各级政府管理、运营国有资产的积极性，显著提高了国资运营效率。

四、以管资本为主全面深化阶段：2013 年至今

经过三十多年的探索和实践，我国国资管理体制改革取得了重大进展，逐步建立了符合中国特色社会主义发展的国有资产管理体制。当然，也必须清醒地认识到，面对国有企业市场化、国际化、现代化发展的新形势，国有资产管理在体制、机制和监管方式上仍存在不少突出矛盾和问题，迫切需要改革和完善国有资产管理体制。

2013 年 11 月，党的十八届三中全会通过了《中共中央关于全面深化改革若干重大问题的决定》，明确提出要完善国有资产管理体制，以管资本为主加强国有资产监管，改革国有资本授权经营体制，组建若干国有资本运营公司，支持有条件的国有企业改组为国有资本投资公司。划转部分国有资本充实社会保障基金。完善国有资本经营预算制度。从以管企业为主向以管资本为主转变，从实物形态的管理向价值形态的管理转变，反映了国有资产管理体制改革进入了一个新阶段①。

为贯彻落实党的十八届三中全会精神，中共中央、国务院陆续出台了以《中共中央 国务院关于深化国有企业改革的指导意见》（中发〔2015〕22 号，以下简称“22 号文”）为统领的国企改革“1 + N”系

① 中共中央关于全面深化改革若干重大问题的决定[EB/OL].[2013 - 11 - 15].https://www.sohu.com/a/216562168_99914060.

列文件，为全面深化国资管理体制改革打下了制度基础，明确了改革的方向和根本要求。

2015 年 9 月，“22 号文”针对国有资产监管工作存在越位、错位、缺位等问题，对完善国有资产监督管理体制作出总体部署。一是以管资本为主推进国有资产监管机构职能转变，准确把握依法履行出资人职责的定位，重点管好国有资本布局、规范资本运作、提高资本回报、维护资本安全，建立监管权力清单和责任清单。二是以管资本为主改革国有资本授权经营体制，改组组建国有资本投资、运营公司。三是以管资本为主推动国有资本合理流动优化配置，清理退出一批、重组整合一批、创新发展一批国有企业。四是以管资本为主推进经营性国有资产集中统一监管，建立覆盖全部国有企业、分级管理的国有资本经营预算制度①。

2015 年 10 月，《国务院关于改革和完善国有资产管理体制的若干意见》（国发〔2015〕63 号）印发，明确了三方面的改革举措：一是推进国有资产监管机构职能转变，准确把握国有资产监管机构的职责定位，明确国有资产监管重点，改进国有资产监管方式和手段。二是改革国有资本授权经营体制，改组组建国有资本投资、运营公司。三是提高国有资本配置和运营效率，建立国有资本布局和结构调整机制，推进国有资本优化重组，建立健全国有资本收益管理制度②。

2017 年 5 月，《国务院办公厅关于转发国务院国资委以管资本为主推进职能转变方案的通知》（国办发〔2017〕38 号），明确将强化出资人监管与落实管党治党责任相结合、精简监管事项与完善国有企业法人治理结构相结合，具体包括五方面措施：一是强化管资本职能，落实保值增值责任；二是精简监管事项，增强企业活力；三是整合国有企业改

① 资料来源:《中共中央、国务院关于深化国有企业改革的指导意见》(2015 年 8 月 24 日)。

② 国务院关于改革和完善国有资产管理体制的若干意见[EB/OL].[2015 - 10 - 25].http://www.gov.cn/zhengce/content/2015 - 11/04/content_10266.htm.

革职能、经济运行监测职能，整合推动科技创新职能，提高监管效能；四是加强国有资产监督，防止国有资产流失；五是全面加强党的建设，强化管党治党责任①。

2018 年 5 月，中央全面深化改革委员会第二次会议通过了《推进中央党政机关和事业单位经营性国有资产集中统一监管试点实施意见》，强调推进中央党政机关和事业单位经营性国有资产集中统一监管试点，要坚持政企分开、政资分开、所有权与经营权分离，理顺中央党政机关和事业单位同所办企业关系，搭建国有资本运作平台，优化国有资本布局结构，提高国有资本配置和监管效率，有效防止国有资产流失，实现企业健康发展和经营性国有资产保值增值。②

2018 年 7 月，《国务院关于推进国有资本投资、运营公司改革试点的实施意见》（国发〔2018〕23 号）印发，明确了国有资本投资、运营公司改革试点的主要内容。一是功能定位。国有资本投资、运营公司均为在国家授权范围内履行国有资本出资人职责的国有独资公司，是国有资本市场化运作的专业平台。二是组建方式。可通过新设和改组两种方式设立。三是授权机制。主要有政府直接授权和国有资产监管机构授予出资人职责两种模式。四是治理结构。设立党组织、董事会、经理层，充分发挥党组织的领导作用、董事会的决策作用、经理层的经营管理作用。五是运行模式。包括组织架构、履职行权方式、财务监管、收益管理、选人用人机制及考核机制等要求。六是监督与约束机制。完善监督体系，并实施绩效评价③。

2019 年 4 月 28 日，国务院印发《改革国有资本授权经营体制方

① 国务院办公厅关于转发国务院国资委以管资本为主推进职能转变方案的通知[EB/OL].[2017－04－27]. http://www.gov.cn/zhengce/content/2017－05/10/content_5192390.htm.

② 市政府办公室关于印发市级党政机关办企业脱钩整治行动工作方案的通知[EB/OL].[2019－01－14]. http://layout.lyg.gov.cn/zglygzfmhwz/szfbgswj1/content/c5e3f530－bf6c－4bcd－af85－5e4f39c5fcfc.html.

③ 国务院关于推进国有资本投资、运营公司改革试点的实施意见[EB/OL].[2018－07－14]. http://www.gov.cn/zhengce/content/2018－07/30/content_5310497.htm.

案》，提出了改革国有资本授权经营体制的主要举措。一是优化出资人代表机构履职方式。通过实行清单管理、强化章程约束、发挥董事作用、创新监管方式，加快转变履职方式，依据股权关系对国家出资企业开展授权放权。二是分类开展授权放权。出资人代表机构对不同类型企业给予不同范围、不同程度的授权放权。三是加强企业行权能力建设。通过完善公司治理、夯实管理基础、优化集团管控、提升资本运作能力，确保各项授权放权接得住、行得稳。四是完善监督监管体系。通过搭建实时在线的国资监管平台，整合监督资源，严格责任追究，实现对国有资本的全面有效监管①。

以管资本为主加强国有资产监管，是完善国有资产管理体制的方向和根本要求。随着国企改革“1+N”政策文件的陆续出台，国企国资系统在实践中大胆探索有效途径和方式，取得了积极进展。一是国资监管机构职能转变深入推进。国务院国资委以管资本为主，加快推进职能转变，强化3项管资本职能，取消、下放、授权43项工作事项，完成内部职能和机构调整，研究制订出资人监管权力和责任清单，清理规章规范性文件，通过“放活”与“管好”相结合，激发了微观主体的活力。二是国有资本投资、运营公司试点有序推进。已在国投、中粮集团等19家中央企业层面开展了3批国有资本投资公司试点，在中国诚通、中国国新开展了国有资本运营公司试点，在重塑发展战略、调整业务结构、提升管控能力、创新投资运营模式、夯实市场化机制等方面进行了积极探索，推动了国有资本布局结构优化和战略性重组，提升了国有资本运营效率。三是中央行政事业单位经营性国有资产集中统一监管持续推进。已有超过半数的省级国资委监管覆盖面超过90%，深圳、上海、广州等国资委已基本实现全覆盖，构建了集中统一、分类监管、授权明确、权责一致的国有资产监管体系，增强国有资产监管规范性和有效性，发挥

① 改革国有资本授权经营体制方案[EB/OL].[2019-04-19]. https://baijiahao.baidu.com/s?id=1632049104102109111&wfr=spider&for=pc.

了国有经济引领作用。四是划转部分国有资本充实社保基金工作取得明显成效。经国务院批准，2018 年开展了划转试点工作。其中，在中央层面，共完成三批 67 家中央企业和中央金融机构划转工作，划转国有资本总额约 8601 亿元。财政部履行出资人职责的中央金融机构划转工作已基本完成。在地方层面，2018 年浙江、云南两省也报经国务院批准开展了划转试点工作，截至 2018 年底，两省试点工作基本完成，充分体现国有企业全民所有，发展成果全民共享。五是党对国有企业的领导全面加强。研究制定了中央企业党建工作责任制实施办法和考核评价暂行办法；中央企业集团“党建进章程”全部完成，党委（党组）书记和董事长“一肩挑”全部实现；党组织研究讨论作为重大事项决策前置程序，“双向进入，交叉任职”领导体制进一步完善，为国企改革发展提供了坚强保障。[①]

国有资产管理体制改革的深入推进，有力促进了国有资本运营质量和效益的稳步提高。2018 年，全国国资监管系统内的国有企业累计实现营业收入 54. 8 万亿元，同比增长 10. 3%；实现净利润 2. 4 万亿元，同比增长 12. 1%。其中，中央企业累计实现营业收入 29. 1 万亿元，同比增长 10. 1%；实现利润总额 1. 2 万亿元，同比增长 15. 7%，达到历史最高水平，为推动国有资本做强做优做大，加快培育具有全球竞争力的世界一流企业打下了坚实基础。

① 国有资产管理亮出最新“成绩单”中央国有企业改革成效显现[N]. 中国航空报,2019 - 10 - 26.

第三章

国有资产管理体制的主要模式及经验

国有资产，是各级国家机构完成管理目标、提供公共物品的物质基础。国有资产的现实配置、管理和运营效率的高低差异则重点取决于其管理体制的优化程度。因此，基于我国国有资产管理体制的历史和政策演变历程，结合我国目前的国情，本章将从借鉴角度出发，对国内外国有资产管理体制主要模式的先进经验进行系统性概括与总结，由此提出有利于完善我国国有资产管理体制的启发性建议。

第一节　国外国有资产管理体制的主要模式

目前，在各个国家的本国市场经济发展基础之上，各国国有资产管理体系的系统化建立逐步形成并获得完善。它们在背景、内部治理机制和外部治理环境这三个方面存在自己鲜明的特点。同时，尽管各国政治体制不同，经济体制也有差别，彼此国情更是千差万别，但它们皆在不同程度上面临着有关国有企业和国有资产管理方面的问题与挑战。另外，全世界的国有资产管理模式亦存在某些共性。例如：政府或议会直接或间接地参与了国有资产的管理，而且各国执政党会根据不同时期改变其国家政策从而适当调整国有资产的管理。其中部分发达国家的国有资产管理体系经过不断完善，已经足以适应本国发展的新需要。国外国有资产管理体制的主要模式包括分级管理模式、中央主管部门主导模式、双重主管模式及分散管理模式，具体如表3-1所示。

表3-1 国外国有资产管理体制的主要模式类型

模式类型	具体内容	代表国家
分级管理模式	中央与地方政府分别代表国家履行出资人职责，享有所有者权益，权利、义务和责任相统一，管资产和管人、管事相结合	美国、俄罗斯
中央主管部门主导模式	以中央各主管部门为主导，国有企业按其行业归属于中央某主管部门，这些中央主管部门必须在中央有关政策和国家法律的指导下开展现实中具体的生产经营活动	英国、印度
双重主管模式	相关主管部门和中央财政部相结合实施工作，财政部代表国家行使所有权，相关的国有企业中央主管部门负责部门系统内的国有企业纵向管理	德国、法国
分散管理模式	国家的估价监管权力相对分散，且会针对不同发展阶段去建构专门机构，根据其特定的历史任务，以国有资产所有者的身份来管理其所有的国有企业	意大利、巴西

一、分级管理模式

分级管理模式形成了“所有权分级和管理分级化”的国有资产管理系统。在坚持国家所有制的先决条件下，中央政府和地方政府分别代表国家履行投资者的职责，享受与行使所有者的权益与权利的同时，承担义务和责任，组成资产与人事管理相结合的国有资产管理体制。该模式的代表国家为美国与俄罗斯。

美国实行分级国有资产管理体制，并在法律上规定政府出资企业所有权归属于中央和地方政府，联邦政府对州政府出资企业只有指导权，没有财产权。美国不仅就政府出资企业立法，同时也监督着执法的有效性，并且不定期检查相关企业负责主管部门的管理情况。在具体实施层面：一是由国会立法，从而使企业的运作方式和主管部门的管理行为均受到法律限制；二是由国会依据法律形式，委托相关主管部门依法管理企业，并要求其中的主要部门遵循法律具体规定来设置机构进行管理；三是由财政部门监管，通过预算去执行国有资本金预算监管；四是审计监督，审计部门要求政府出资企业定期汇报财务运转情况，针对政府出资企业的生产经营情况、财务状况进行实时监控；五是政府有关部门根据市场情况来发布导向性政策，或与政府出资企业签订采购合同，以此引导政府出资企业的发展方向。①

俄罗斯也实行分级国有资产管理体制，其具体体制框架分为三个层次，即联邦财产、联邦主体财产和市政机构财产。根据所辖区域国有资产的规模，政府分级成立相应的国有资产管理机构。不同层级的管理机构之间不存在上下级领导关系，只是业务指导关系。政府出资企业管理的法律、法规由联邦政府统一制定，各级政府负责执行。从政府出资企业的主管部门设置来看，联邦财产部门行使管理职能和政策制定职能。而行业部门和联邦财产部门审批政府出资企业的章程，政府出资企业的收益统一纳入国家预算。俄罗斯国有资产管理的运行中心为联邦财产关系部，该部门基于整合各个行业管理部门的汇报与建议来行使所有者管理权。与美国或其他西方发达国家相比，俄罗斯国资监督机构的权力相对更集中。

二、中央主管部门主导模式

中央主管部门主导模式以中央各主管部门为主导，相关国有企业的中央主管部门与中央财政部相互协作。施行该国有企产管理制度的国有企业也根据行业的不同，划归不同中央主管部门，并且在中央有关政策和国家法律的框架内开展具体生产经营活动。该模式的代表国家是英国和印度。

---

① 宋嘉宁．治理理论视角下的我国经营性国有资产管理体制改革研究[D]．北京：中国财政科学研究院，2017.

英国的国有资产管理主要由财政部以及部分主管部门负责，资产管理体制具体分为如下三个层级：一是体制顶层设计。经由国会立法，明确设立企业、合并企业、分立企业以及有关产权转让等重点内容，并要求企业定期报告经营情况。二是财政以及其他部门联合监督政府出资企业的相关事宜。其中，财政部门负责从预算角度监督国有企业的财务运行状况，通过财政预算确定对国有企业投资和收益的上缴，监督其执行，还负责审议政府出资企业主管部门提交的投资报告等。主管部门则具体负责企业的法人治理结构建设，它不仅有权决定企业发展战略，也具有董事会成员任免的行使权。三是政府出资企业的股权管理。通过建立国有资本投资运营公司来代替有关中央主管部门，行使现实股东权利，以资本运营手段实现股权进入和退出，保证资产的保值增值。①

印度的国有资产管理主要以综合协调机构为中心，多部门并行管理。为此，印度中央政府专门成立公营企业局，由其代表政府管理国有资产。公营企业局不独立行使国家国有资产的职能，仅为政府相关部门提供各自职责权限内的协调服务。在这种情况下，印度国有资产管理的核心即是实质意义上的主管部门，其依靠行政手段保证体制的运行。其中，主管部门除了履行出资人职责之外，还有其他扩大化职权范围：一是人事权方面，印度主管部门需要任命企业的管理层乃至各环节管理人员，而企业董事会和经理层的选人、用人权统统划归主管部门；二是财务运营方面，企业借款、投资、各类资金运作，只要达到一定金额就需要请示主管部门；三是主管部门拥有向国有企业直接发布命令的权力，且命令的依据未明确是法律、法规抑或是市场规则；四是印度主管部门负责人有权裁撤和任命国有企业管理层成员。所以，印度国有资产管理一方面由公营企业局向各主管部门提供咨询服务，并有效监督现有国有企业活动；另一方面，各主管部门专门负责其各自所属国企的具体运营。

---

① 宋嘉宁．治理理论视角下的我国经营性国有资产管理体制改革研究［D］．北京：中国财政科学研究院，2017.

三、双重主管模式

双重主管模式以财政部门为基础，结合中央财政部和相关主管部门来进行资产管理。其管理形式为：财政部代表国家行使国有企业的所有权，同时相关国有企业的中央主管部门则负责对其部门内的国有企业进行纵向管理。该模式的代表国家是德国和法国。

德国是财政部和监事会作为双重主管来对国有企业资产管理职能负责。其中，财政部是绝对核心，它不仅负责国有企业成立、解散、兼并、股权变更等资产管理决策，还有权要求国有企业提交有关销售、投资、人员变动、财务情况等方面的管理决策和计划，并且负责在联邦一级来决定主要国有企业监事会成员的聘任。在德国国有企业的具体运营层面，最高领导和决策机构则是监事会。它主要负责成立公司董事会、组织审议董事会重大决策、听取董事会报告、审查并核实国有企业的具体发展机会和当下运营情况等。在此基础上，财政部经由监事会进行国有资产管理。财政部无须直接下达指令，而是通过对企业进行定期财务检查、控制监事会成员的任免和企业投资，便能实现其对国有企业的有效控制。但是，即便面临财政部和监事会的双重监督，由于政府坚持鼓励国有企业参与市场竞争，且大多数国有企业经济绩效的评估主要基于市场反馈，因此德国的国有企业也仍保留有较大自主权。①

法国的国有资产管理结构是以主管部门为中心建构的两层结构：第一层为国会，它经由立法明确国有企业经营范围，并承担检查国有企业的职能；第二层为不同国有企业主管部门，且主要为行政部门（包括财政部和工业部等），它通常在法律框架下，由财政、经济和预算部结

---

① 宋嘉宁．治理理论视角下的我国经营性国有资产管理体制改革研究［D］．北京：中国财政科学研究院，2017.

合主管部门联合管理。除此之外，法国的国有企业选用股份制来当作基本制度与经营方式。其中，企业内实行董事会下的经理负责制，而董事会成员则由企业代表、国家代表、专家团体、名人等构成。一方面，国家控股通常由财政部代表国家来完成，且仅限于国有企业的总部股份；另一方面，国家不干涉国有企业分公司或子公司的具体运营，但国有化金融机构间接对其他分公司或子公司控股。母子公司便由此形成了以产权为纽带的控股、参股关系。另外，在公共事业和福利事业上，国有企业承担该部分责任并享有经营自主权。

四、分散管理模式

部分国家由于估价监管权力相对分散，因此，区别于典型的分级管理模式、中央主管部门主导模式和双重主管模式，形成了专门机构分散管理国有资产的模式。这就意味着需要国家对此成立专门机构，站在国有资产所有者的立场上，对全部国有企业进行管理。该模式的代表国家是意大利与巴西。

意大利采用国家参与制来监督国有经济状况。政府专门设立规划部委员会与产业政策部委员会，两者分别负责规划国家经济发展与制定产业政策。与此同时，这些专设部门也负责制定适用于国家控股企业的一般经济规则、具体政策和相应任务。除此之外，意大利中央政府也为间接控制国家资产设立了国家参与部，该部门的主要任务是确保国家经济政策得以在诸多控股公司中顺利实施，国家参与部下设的控股公司内部则由三个级别组成：第一级是控股公司总部，这些公司通常是擅长资本业务活动的金融投资公司，不能直接发行股票，也无法直接从事生产经营活动。公司重点任务就是经营其负责的国有资产，并贯彻执行政府的方针。第二级是子控股公司，这些公司通常为规模较小的专业性企业集团，是金融性和生产经营性的混合体，有权发行股票。第三级是基层参与制企业，这些公司遵循股份制公司运行规律和市场经济规则，直接从事生产经营活动并能发行股票。

巴西的国资监管权力相对分散，分布于各个不同的部门，体现着不同的阶段性任务，其管理国有企业的机构较为多元，行使职责也各有不同。一是各主管部门制定所管辖企业的运营政策，有权任命国有企业高级管理人员，控制企业经营的同时也协调与其他部门的沟通衔接；二是国有企业控制特别秘书处，主要职能在于信息沟通，负责协调各企业关于经营、财务、预算类信息的上报，保证信息质量，及时反馈给总统；三是国家计划部一方面审批国有企业的重点项目，另一方面把控国有企业发展方向是否符合国家经济发展要求；四是一些职能部门也影响国有企业的经营：财政部负责国有资本收支预算管理，银行负责落实国有企业的信贷政策，审计部门负责监督审计国有企业的经营行为。比起发达国家，巴西的国有资产管理体制模式具有比较浓重的管制色彩。①

第二节　国内国有资产管理体制的主要模式

我国国有资产管理体制的形成与演变，是在借鉴国外先进经验基础上进行的渐进式改革，其具体表现在国家与国有企业之间权责利关系的变动上。在此过程中，国有资产管理体系不断演变，已经由计划经济体制下的传统管理模式逐渐发展到当前以增强企业活力为中心展开的现代管理模式，并继续在国有企业混合所有制改革的新形势下进一步探索和完善（见表3－2）。

① 宋嘉宁．治理理论视角下的我国经营性国有资产管理体制改革研究［D］．北京：中国财政科学研究院，2017.

表 3－2　国内国有资产管理体制的主要模式类型

<table>
<tr><th>模式类型</th><th colspan="2">具体内容</th><th>代表城市/区域</th></tr>
<tr><td rowspan="3">传统管理模式</td><td>统一管理</td><td>建立独立管理部门，对企业上下所有的国有资产负责，通过建立相关制度、规范来开展国有资产的管理工作</td><td rowspan="3">佛山市南海区</td></tr>
<tr><td>分散管理</td><td>将国有资产管理工作分散到具体的职能部门，不同部门负责不同的资产管理职责，不同部门中设置相应资产管理工作岗位，针对不同工作侧重点开展具体的工作</td></tr>
<tr><td>分级管理</td><td>各个部门建立独立的国有资产管理机构，根据国家政策、企业规划和部门规划各自独立来开展工作</td></tr>
<tr><td>现代管理模式</td><td colspan="2">建立授权机制，组建国有资产的投资运营公司，以市场化的运作方式对国有资产进行运营管理</td><td>南宁市
安达市</td></tr>
</table>

一、传统管理模式

传统管理模式主要有统一管理模式、分散管理模式和分级管理模式，重点倾向于国有资产管理的基础工作、信息登录、核算评估、考核、划转、采购、产权管理等方面，也就是说传统的国有资产管理是对国有资产状况的掌握和分析，通过加强核算、监管来维护国有资产权益，降低管理风险。在我国，该模式以佛山市南海区为代表。①

第一，统一管理模式是企业建立独立的管理部门，对企业上下所有的国有资产负责，通过建立相关制度、规范来开展国有资产的管理工作。独立的资产管理部门负责制定相关管理的具体实施措施，并根据相关措施按照国家要求编制预算计划，对固定资产、流动资产、无形资产和其他资产进行统一化的登记、验收、配置、使用、维护、管理和监督管理。第二，分散管理模式是相对于统一管理模式而言的管理方式，将国有资产管理的工作分散到具体的职能部门，不同部门负责不同的资产

① 姚彦华．国有资产管理存在的问题及对策研究[J]．全国流通经济，2019(5)．

管理职责，不同部门中设置相应的资产管理工作岗位，针对不同的工作侧重点开展具体的工作。第三，分级管理模式是依托完善的管理责任制，各个部门建立独立的国有资产管理机构，根据国家政策、企业规划和部门规划来开展工作，分级管理是国有资产管理权限的下放，工作重点是职责的分配和管理的分工。

二、现代管理模式

现代管理模式是在混合所有制和股权多样化改革之下的管理方式，工作的重点不仅是维护国有资产的权益，降低其风险，更是对国有资产的经营增值，提升资产的价值，从而提升企业的竞争力。现代国有资产管理模式主要是建立授权机制，组建国有资产的投资运营公司，以市场化的运作方式对国有资产进行运营管理。在我国，该模式以广西南宁市和黑龙江安达市为代表。①

一般而言，依据“统一领导，分级管理”的原则，我国国有资产管理模式按五级行政管理制和财政管理制来划分现实等级。在此基础上，国有资产对五级政府各自的所属行政单位采用三级管理制：第一级是财政部门，它综合性地对行政单位所属的国有资产进行管理，并负责监督、检查下级财政部门。第二级是主管部门或受委托的相关部门。其中，财政部门有权根据情形变化，委托其他部门监督管理国有资产。第三级是行政部门自行管理部门内国有资产。因为我国的国有资产所有权归属国家，其使用权也因此归属对应的部门与单位。总体而言，我国国有资产管理体制主要是“国家统一所有，政府分级管理，单位占有使用”。

---

① 姚彦华．国有资产管理存在的问题及对策研究[J]．全国流通经济，2019(5)．

第三节　国内外资产管理体制的经验总结

经济基础、政治环境和社会人文现状在各个国家与区域存在的巨大差异，直接致使这些国家与地区的外部治理机制和国有资产管理特点呈现出诸多不同。若摒除公共财政所处社会形态之间所存在的中外差异，仅仅根据两者分配主体本身而言，国内、国外不同的资产管理体制模式的经验内容，又具有相似的属性，这对我国未来进一步研究国有资产管理经验具有切实的借鉴意义。

一、明确主导部门

无论国内外，均明确政府部门在国有资产管理领域的重要地位。不同资产管理体制下，政府部门的管理职能也不尽相同。政府部门的有效干预能体现一国政府的管理水平与能力。在经济类型自由化的国家或区域，政府部门的干预程度较低、管理范围较小，并且在具体管理过程中会按照一定的行为规范来操作。[①]

二、资产管理体系制度化

各国对本国固定公共资产以及国有资产管理的制定都基于本国国情，进行制度化规范及实施。各部门都严格遵循各项管理制度，同时重视公共资产的统计、清查及监督检查等环节。

三、专职化管理机构

各国的国有资产都由特定管理部门负责管理。例如，美国与加拿大设立专门的财务总务署以及社会公共管理机构进行管理，而德国、巴西

① 姚彦华．国有资产管理存在的问题及对策研究[J]．全国流通经济，2019(5)．

则设立财政部和联邦资产秘书处来进行资产管理。[①]

四、分类管理国有资产

由于国有资产在不同领域及行业发挥不同功能及作用，对经营性国有资产和非经营性国有资产进行分类管理，有助于提高资产的运营效率并最大限度使其增值。例如，在德国，一般国有工商企业与银行由该国财政部来行使管理权，而另有相关行业部门来管理具备专业性特质的国有企业。

五、规范化监督严格

在现阶段，各国尤其是经济较发达国家在公共资产管理工作中，会制定较为严格的财务管理规章制度。例如：美国的议会听证制、公民举报制、联邦审计制等；法国国会各专门委员会对议会指明的公共事业部门和国有企业的行政、财务和技术管理状况进行审查、调查和做出结论的制度；英国议会与政府主管部门及国有企业之间建立的各种报告和监督制度、国有资产经营的预算制度等。[②]

由上述国内外资产管理经验的共性总结可见：优化国有资产的管理运营、完善体制机制，在内容上涵盖不同类型，在体制上涉及各层次、各管理部门主体之间的权责利划分，需要按照系统性、整体性、协同性要求，遵循公共性、效率性、规范性、法制性原则，立足中国实际，总结与借鉴发达国家与地区的先进经验，形成科学的顶层设计方案。这是有计划、分步骤深化改革并达成预期目标的重要基础。[③]

①② 田靖．行政事业单位国有资产管理问题和对策研究[D]．青岛:青岛大学,2018.

③ 齐守印,何碧萍．关于国有资产管理体制的理论辨析、逻辑结构、国外经验与总体建构目标[J]．当代经济管理,2019(10).

第四节　完善国有资产管理体制的启示与借鉴

结合上述国家与地区的国有资产管理先进经验，我国通过深化改革和优化国有资产管理体制所获得的启发性建议主要涵盖内部横向与纵向的整合以及外部规范与治理。

从横向的角度出发，西方发达国家国有资产管理责权的横向配置包括国家高层权力机关之间和行政机关内部各部门之间这两个层面。第一层面的国有资产管理责权横向配置格局分为两类：一类是以国会立法为核心的模式，国会主要通过立法和审议监督方式监督国有企业及其所有资产，政府有关部门对国有企业经营管理实施日常监管，立法机关负责相关方面的司法裁决。这种模式以美国为代表。另一类是以政府为主导、以立法机关和司法机关为辅助的模式，德国、法国、意大利等都实行这种管理体制模式。第二层面的国有资产管理责权的横向配置，西方多数国家采取统分结合的方式，可分成三种类型：第一种类型是以财政部为中心，财政部和各主管部门相结合管理资产。这种模式以法国与德国为代表。第二种类型是由中央主管部门领导，国有企业根据行业划分并纳入中央相关部门主管，财政部与各主管部门协作管理资产。这种模式以英国为代表。第三种类型是设立机构专司国有资产和国有企业管理，这种模式以意大利为代表。

由此可见，我国应按照分工明确、责任清晰和相互制衡的原则对国家立法机关、行政机关、监察机关、司法机关之间的国有资产管理责权做出合理划分，同时按照事有专责、依责赋权、权责匹配的原则对政府各部门之间的国有资产管理责权划分做出有效的安排。此外，我国同样需要坚定不移地完善监督管理方面的工作。因为任何制度与机制在实施过程中，若失去科学的监管，都极有可能产生内部腐败。因此，我国财政部门作为国有资产管理部门，在加强监督国有资产的同时，亦有必要建立起集财政、审计与专家为一体的监管制度，并邀请第三方进行联席监督，从总体上提升国有资产监管的有效性。①

从纵向的角度来看，部分国家国有资产管理责权在各级国家机构之间纵向配置，总体上采取分级所有、分级管理的模式。在美国、德国这样实行联邦制政体的国家，各类国有资产产权自然由联邦、州和地方政府各自持有，国有企业也连同经营性国有资产一起分别由三级国家机构管理。即使是实行单一制政体的国家，在国有资产管理责权的纵向配置方面一般也都采取中央集权与地方分权相结合的管理体制。此外，发达国家经营性国有资产管理责权在国家与企业之间的配置，一般采取国家持有所有权、企业拥有具体经营权的体制，但企业自主权被限定在法律规定和所有权持有者的有效控制之内。其中，大致分为两种具体模式：一种是国家集权模式。国家不仅通过立法控制国有企业的成立、撤销、合并重组、经营范围等，还通过审批方式控制国有企业财务、投资、利润分配等。另一种是其他各国实行的分类分权模式。所谓分类管理，就是将国有企业区分为垄断性和竞争性两大类，对垄断性国有企业采取直接管理的方式，在产品价格、财务、投资和工资等方面实行严格控制和监督。而对竞争性国有企业则采取股权管理方式，企业承担国有资产保值增值责任并具有较为充分的经营自主权，但对企业主要领导人、国有资产的流入流出、利润分配等重大事项也严加控制。例如，美国大多数国有企业均为租赁经营，一方面国家保留其对国有资产的所有权和收益权，另一方面承租者具有经营收益权。对比之下，德国则规定联邦财政部主管联邦所属国有企业和资产，其主要借助两条路径实现对国有资本和国有企业的监管：一是组建若干个跨行业的大型康采恩（多种企业集团）或企业集团，以控股、参股方式从国有资产宏观配置上对众多国有企业的经营领域进行控制；二是通过组建监事会、派驻政府代表担

① 何碧萍．公共经济视角下的国有资产管理改革研究[D]．石家庄：河北师范大学，2019.

任监事会主席，再由监事会组建董事会并对后者决策进行把关定向，将所有者职能从企业外移入企业内，从微观层面实施对国有企业资产配置、运营等各项重大决策的监控。①

由此可见，我国也应按照分级持有产权、分级管理并分享利益的原则处理好各级公共机构之间的责权利关系，利用激励机制来调动各级国家机构有效管理各类国有资产的积极性。另外，我国可探索建立起以财政部门为中心的、更符合当下发展需求的国有资产管理体制，在明确国有资产管理所有权的同时，做到“统一分配、统一调度、统一监督”。同时，严格执行财政转移支付，落到实处去记录资金流入和流出情况，做到“有账可查、有迹可循”。在此基础上，由于经营性国有资产是最重要也是最活跃的资产，它形成了国有资产收益持续攀升的主要动力，也构成国有资产不断增长的基础，因而对经营性国有资产管理要以保值增值为核心目的。应当正确划定国有资产，明确产权责任，实行有偿使用机制，加快推进非经营性国有资产管理转为经营性资产管理。②

从外部规范和治理的角度来说，发达国家对国有资产和国有企业实施严格规范的法治化管理。例如，美国的《联邦财产及行政服务法》《公共建筑物法》，意大利的《国家参与法》，法国的《关于授权政府采取多种经济和社会政策的法律》《企业法》《劳工法》等都对国有资产管理做出了严格规定，通过健全的法律体系对国有资产实施监管。③

因此，我国应构建起系统完备的国有资产法律制度和严格规范的执法机制，以法律权威维护国有资产管理体制的严肃性：一方面，不断完善《企业国有资产管理法》和《企业国有资产监督管理条例》的有关规定与条例，缩小中央和地方国有企业在法人治理体系建设上的差距。

---

①② 何碧萍．公共经济视角下的国有资产管理改革研究[D]．石家庄：河北师范大学，2019.

③ 齐守印，何碧萍．关于国有资产管理体制的理论辨析、逻辑结构、国外经验与总体建构目标[J]．当代经济管理，2019(10).

另一方面，基于我国国有企业战略定位和发展目标，参照主营与核心业务范畴，应当对国有企业进行分类，按照划分后的国有企业类型有针对性地建设法人治理体系，使其运作机制更贴合我国当下经济社会发展的需求。与此同时，我国也应当多总结与借鉴国外先进模式并思考其不足之处，结合我国国有资产管理实际情况，以立法形式来制定国有资产管理体制的框架和方向，在实际操作过程中，不断完善中央与地方的法律法规，使各有关部门在参与国有资产管理时，均能做到权责分明、分工明确。①

① 齐守印，何碧萍. 关于国有资产管理体制的理论辨析、逻辑结构、国外经验与总体建构目标[J]. 当代经济管理，2019(10).

第二篇

实操分析

| 第四章 |

国有资本投资公司定位

第一节 国有资本投资公司的概念

一、定义

1. 什么是国有资本投资公司

随着《国务院关于改革和完善国有资产管理体制的若干意见》（国发〔2015〕63号）及《国务院关于推进国有资本投资、运营公司改革试点的实施意见》（国发〔2018〕23号）的出台，国有资本投资运营的概念首次出现在国家政策文件中。①

国发〔2018〕23号文指出，根据国有资本投资运营的职责不同，改组组建国有资本投资和国有资本运营两类公司，并分别对两类公司进行了详细定义。就经济属性和公司类型而言，“国有资本投资、运营公司均为在国家授权范围内履行国有资本出资人职责的国有独资公司，是国有资本市场化运作的专业平台”。具体来说，“公司以资本为纽带、以产权为基础依法自主开展国有资本运作，不从事具体生产经营活动。国有资本投资、运营公司对所持股企业行使股东职责，维护股东合法权

① 晋煜，熊韬，巴士侠．国有资本投资公司改革解析[J]．中国军转民，2019(5).

益，以出资额为限承担有限责任，按照责权对应原则切实承担优化国有资本布局、提升国有资本运营效率、实现国有资产保值增值等责任”。

2. 国有资本投资公司平台

（1）平台构成。

基于公司定位，国有资本投资公司一般由如下平台构成：产业政策平台、公共产品平台、产业基金平台、相关资产整合平台、产能消化出清平台、产业转型升级促进平台、重大产业规划平台、创新驱动平台、核心项目平台、产业集聚平台、跨体制协作平台、生态圈打造平台和产业服务平台等。

（2）央企层面平台的主要表现形式。

根据近几年国有企业改革试点的实践，央企层面国有资本投资公司旗下的平台主要有：国有企业改革平台、兼并重组与产业整合平台、资产管理平台、重大项目平台、海外并购平台、国有资本流动平台和金控平台等。

（3）平台的主要类别。

地方国有企业改革实践中，主要建立的平台类别如下：

交投类：港口、铁路、路桥等交通业投融资与产业整合平台；

能投类：能源项目投资及资产管理投融资与产业整合平台，包括资源（如矿业）投资；

建投类：建筑业全产业链相关科研、投资、规划、设计、建设等投融资与产业整合平台；

商贸投类：商业贸易投融资与产业整合平台；

工投类：侧重装备制造业投融资与产业整合平台；

金控类：主要指产业基金类平台；

城投类：城市建设投资相关的政府投融资平台与产业整合平台；

文旅投类：旅游业和文化产业投融资平台与产业整合平台；

国际投类：海外项目投融资与产业整合平台；

航投类：机场项目建设投融资与产业整合平台；

化医投类：化工医药项目投融资与产业整合平台；

水利水务类：水利水务项目建设投融资与产业整合平台；

农业类：粮油、农资相关的投融资与产业整合平台；

交易所类：交易所相关投融资与产业整合平台；

创新投类：科技创新项目投融资与产业整合平台；

生态环保类：生态环保相关项目投融资与产业整合平台；

互联网类：主要指大数据类相关投融资与产业整合平台。

3. 国有资本投资公司设立的重要意义

国有资本投资公司的设立作为新时代国有企业改革的重要举措，重新界定了国资监管机构的监管边际，突出了国有资本的功能，是在国有资产监管机构与国有企业之间建立的中间层公司，是体现“管资本”国资管理定位的载体和工具。

二、与国有资本运营公司的概念比较

国发〔2018〕23 号文对国有资本投资公司和国有资本运营公司给出了相同的定义，但两者依然有明显的界线，主要异同点如下：

1. 相同

（1）国有资本投资公司与国有资本运营公司具有相同的经济和法律属性，即既要符合我国公司法的特殊规制，也要满足国家政策的特殊要求。

（2）都是国家授权经营国有资本的公司制企业，是国有资本市场化运作的专业平台，对所出资企业行使股东职责，按照责权对应原则切实承担起国有资产保值增值责任。①

① 刘青山．国有资本投资、运营公司 探索新体制、新机制、新模式[J]．国资报告，2017(10)．

2. 区别

（1）使命和职能不同。

国有资本投资公司具有鲜明的产业功能，着力培育产业竞争力，侧重于在重要行业和关键领域发挥作用，调整国民经济的布局结构。诸如对市场失灵或市场残缺的纠正和弥补，在信息不对称和自然垄断的领域、市场无力或不愿意投资但对于国民经济又特别重要的领域以及关系国家安全和国民经济命脉的领域，国有资本的投入都将发挥重要作用。国有资本投资公司意在实施国家对经济的引导，为政府实现政策性目标进行产业类投资，通过资本投资而不是行政权力保持对国有经济的控制力和影响力，实现政府特殊的公共目标，如减少社会不公、促进区域协调发展等。[①]

国有资本运营公司的职能包括：①侧重改善国有资本的分布结构和质量效益，强调资金的周转循环、追求资本在运动中增值，通过国有资本的运营，重塑科学合理的行业结构与企业运营架构，提高资源配置效率。②侧重发挥市场机制的作用，推动国有资产形式的转变，即实现由实物形态的“企业”转变为价值形态的“资本”，包括证券化的资本。③促进国有资本在资本市场上的流动，使国有经济布局和功能可以灵活调整，利用市场的力量让资本流动到最能发挥作用的地方，使国有资本发挥最有效的作用。国有资本运营公司意在降低市场中的交易费用，担负着健全国有资本市场体系的职责。[②]

（2）履职形式不同。

国有资本投资公司以产业资本投资融资和项目建设为主，通过投资实业拥有股权。即通过投资、持股等手段，把固定资产变成可流动的资本，实现国有资产保值增值，满足国有经济布局调整和国有企业改革

① 闵乐，马刚．国有资本的运营公司与投资公司有何不同？［J］．现代国企研究，2014(5)：41－43.
② 闵乐．中国国有资产管理体制改革研究［D］，沈阳：辽宁大学，2016.

需要。①

国有资本运营公司的核心职能则以资本营运为主，不投资实业，运营的对象是持有的国有资本（股本），包括国有企业的产权和公司制企业中的国有股权。主要通过市场运营实现国有资本的保值增值，成为国资委开展资本运作和结构调整的市场化主体，执行国家战略，体现出资人意志，与国资委做好联动，与中央企业做好协同。在资本运营中，运营公司也将培育新兴产业，但培育成熟后则可能出售或转给相关的国有投资公司。②

（3）运作方式不同。

国有资本投资公司的运作方式包括企业重组、兼并与收购等。通过投资实业拥有股权，对持有资产进行经营和管理；并通过产业资本与金融资本的融合，提高国有资本流动性，开展资本运作，进行企业重组、兼并与收购等。

国有资本运营公司的经营方式包括兼并或分立，成立合资公司，公司化改制，培育上市公司，产权转让置换等。国有资本运营公司是纯粹控股企业，不从事具体的产品经营，主要开展股权运营，行使股权管理权利，在资本市场上通过资本运作有效组合配置国有资本。③

总之，国有资本投资公司更加注重产业进退调整，国有资本运营公司则注重配置资本、打造相关的平台，不追求对实体产业和实体企业的控制。

三、政策解读

国发〔2015〕63号及国发〔2018〕23号等政策规定，明确了国有资本投资公司与国有资产监管机构和出资企业的关系、国有资本专业化

---

① 闵乐．中国国有资产管理体制改革研究[D]，沈阳：辽宁大学，2016.

② 刘青山．国有资本投资、运营公司 探索新体制、新机制、新模式[J]．国资报告，2017(10).

③ 闵乐，马刚．国有资本的运营公司与投资公司有何不同？[J]．现代国企研究，2014(5)：41－43.

运营的路径以及内部市场化管理机制等核心问题，因此，国有资本投资公司具有以下三方面含义：

1. 国有资本投资公司以管资本为主进行国有资本授权经营体制改革

改组组建国有资本投资公司，探索有效的运营模式，通过开展投资融资、产业培育、资本整合，推动产业集聚和转型升级，优化国有资本布局结构；通过股权运作、价值管理、有序进退，促进国有资本合理流动，实现保值增值。科学界定国有资本所有权和经营权的边界，国有资产监管机构依法对国有资本投资公司和其他直接监管的企业履行出资人职责，并授权国有资本投资公司对授权范围内的国有资本履行出资人职责。国有资本投资公司作为国有资本市场化运作的专业平台，依法自主开展国有资本运作，对所出资企业行使股东职责，按照责权对应原则切实承担起国有资产保值增值责任。开展政府直接授权国有资本投资、运营公司履行出资人职责的试点。

2. 国有资本专业化运营

国发〔2018〕23 号文明确规定，国有资本投资公司以资本为纽带、以产权为基础依法自主开展国有资本运作（如在资本市场融资发行股票或股权、通过产权交易活动改善国资结构布局和质量），不从事具体生产经营活动。其经营模式以投资融资和项目建设投资为主，通过投资实业拥有股权，从而进行资产经营、管理来实现国有资本保值增值。

3. 内部市场化管理机制

国有资本投资公司制定内部市场化管理机制，通过资本运营和资本周转循环运动，按照责权对应原则切实承担优化国有资本布局、提升国有资本运营效率以及实现国有资产保值增值等责任。

第二节 国有资本投资公司的定位

一、职责定位

国有资本投资公司职责定位于国有资本和国有股权的管理者之间。

第一，国有资本投资公司不是传统意义上的投控型集团。国有资本投资公司意在实施国家对经济的引导，实现政府特殊的公共目标，如减少社会不公、促进区域协调发展等。国有资本投资公司为了实现政策性目标进行产业类投资，通过资本投资而不是行政权力保持国有经济的控制力和影响力。基于发展混合所有制，国有企业产权主体多元化，国有企业需要有明确的持股人，而国有资本投资公司便成为最佳的选择。

第二，国有资本需要在国有企业之间进行配置与再配置，而其操作者只能是国有资本投资公司，实现的途径就是组建若干国有资本投资公司。国有资本投资意在培育产业竞争力，提高国有资本整体竞争实力。

第三，基于国有资本投资公司的上述特点，将国有资本投资公司职责置于国有资本和国有股权的管理者之间是一个恰当的定位。国有资本投资公司不是国有资本的所有者，或国有企业的真正出资人，仅是一个资产重组的平台。

第四，国发〔2019〕9号文[①]发布的《改革国有资本授权经营体制方案》进一步对国有资本投资公司的定位进行细化。明确出资人代表机构的职能是以管资本为主加强国有资产监管，体现“从管资产到管资本”的国资管理定位。

① 国务院关于印发改革国有资本授权经营体制方案的通知[EB/OL].[2019-04-19]. http://www.gov.cn/zhengce/content/2019-04/28/content_5387112.htm.

二、功能定位

1. 功能定位含义

（1）概括。服务国家战略，引导社会资本投向，发挥资本杠杆作用，通过调整产业结构，培育战略性新兴产业。

（2）详解。根据国发〔2018〕23号文，国有资本投资公司的功能定位具体为："国有资本投资公司主要以服务国家战略、优化国有资本布局、提升产业竞争力为目标，在关系国家安全、国民经济命脉的重要行业和关键领域，按照政府确定的国有资本布局和结构优化要求，以对战略性核心业务控股为主，通过开展投资融资、产业培育和资本运作等，发挥投资引导和结构调整作用，推动产业集聚、化解过剩产能和转型升级，培育核心竞争力和创新能力，积极参与国际竞争，着力提升国有资本控制力、影响力。"

2. 政策解读

（1）服务国家战略，国有资本投资公司应服务于关系国家安全、国民经济命脉的重要行业和关键领域。

（2）优化国有资本布局，按照政府确定的国有资本布局和结构优化要求，调整优化产业结构，重点发挥优势产业，剥离落后产业，聚焦发展；主要模式以对战略性核心业务进行控股为主。具体包括以下三层涵义。①

第一，实现资本形态转化。通过国有资本平台，提升国有资本的流动性，实现资本从低级形态向高级形态的转化和升级。

第二，推动资本产业升级。推动国有资本的产业形态升级，从低效或无效产业向更有效形态的产业转化，包括从投入产能过剩产业到战略性新兴产业、现代制造业和现代服务业的转移。尤其在战略性新兴产业

---

① 闵乐．中国国有资产管理体制改革研究[D]．沈阳：辽宁大学，2016.

投资方面，结合企业自身优势，承担培育前瞻性、战略性新兴产业的使命，起到引领和带动作用。

第三，推动国有资本功能升级。坚持行业领先的产业布局，使国有资本投资从一般竞争性行业中退出，投向能够体现国有资本公共服务功能和公益性导向功能的行业（如民生养老、公益保障、公共产品和服务等)，力争成为行业内的领军者。

（3）提升产业竞争力。通过开展投资融资、产业培育和资本运作等，发挥投资引导和结构调整作用，推动产业集聚、化解过剩产能和转型升级，培育核心竞争力和创新能力。产业培育和整合，即产业资本整合主体通过兼并重组、股权划转等方式，对产业内国有资本进行集聚整合，实现专业化发展和同类型资本做强做优做大。同时积极参与国际竞争，着力提升国有资本控制力、影响力。①

（4）国资管理“从管资产到管资本”。国务院发布的《改革国有资本授权经营体制方案》明确指出，出资人代表机构的职能是以管资本为主加强国有资产监管，体现“从管资产到管资本”的国资管理定位，并进一步提出要实现授权与监管相结合、放活与管好相统一，切实保障国有资本规范有序运行，促进国有资本做强做优做大，不断增强国有经济活力、控制力、影响力和抗风险能力，培育具有全球竞争力的世界一流企业。

三、实践总结

在近几年国有资本投资公司试点企业运营实践中，国有资本投资公司的定位和特点已经凸显。可总结为以下几个特点：一是国有资本投资公司必须服务国家战略，引领产业发展；二是国有资本投资公司集团总部必须具备国有资本的市场化、专业化运作能力和市场化经营能力；三

① 杨蕾．国有资本投资与运营公司之探析[J]．国有资产管理，2019(6)．

是国有资本投资公司必须发挥市场运作的专业平台作用。

对于国有资本投资公司的以上特点，2017 年 4 月 21 日，国务院国资委在中粮集团主持召开国有资本投资公司试点工作座谈会上，做了最好的阐释：“国有资本投资公司要具备鲜明的产业功能，始终坚持服务国家战略，提升产业竞争力，大力发展优势产能，核心主业要走在行业前列，力争国际先进水平，具备产业研究发展能力，坚持创新驱动，引领产业发展；集团总部要具备很强的资本运作和资本配置能力，突出国有资本的市场化、专业化运作能力和市场化经营能力，提高运营的质量和效益，资本回报水平要优于一般产业集团；要打造市场运作的专业平台，积极主动发挥国有经济布局结构调整的主导作用。”

| 第五章 |

国有资本投资公司管控模式

本章首先介绍了传统意义上的集团管控方法，分别是财务管控、运营管控和战略管控，根据企业集团的相关性质将三种传统管控方式进行了对比分析，并结合传统管控模式提出的历史背景以及中国国有资本投资公司的情境提出了传统管控三分法的局限性。之后，根据国有资本投资公司自身的战略定位，针对不同类型的子公司制定相应的管控策略，并指出在制定管控策略时需注意权利和责任的统一、管控和平台服务的统一、企业内部存量和增量的统一以及合规与风险管理的统一，整合企业的内部资源，提升企业集团的整体效率。

第一节　传统的集团管控三分法

集团管控就是母公司在管理下属企业时，将企业集团制定的统一的制度准则嵌入下属企业行为体系中，形成管控结构来协调下属企业的行为以实现企业集团的统一目标。传统理论按照母公司授予子公司自主性的大小范围（Vancil，1979），即集团总部的集权和分权程度，把集团管控分为财务管控、运营管控和介于两者间的战略管控（Goold 和 Cambell，1987）。不同的企业集团会根据自身的情景，权变地选择相对应的管控方式，当然也有大的企业集团会出现三种管控方式并存的现象。

一、财务管控

财务管控是最宽松的管控方式，集团分权程度高，母公司和子公司间的关系距离较远，各下属公司的关联度也较低。该管控模式中，母公司的角色是投资决策者，为子公司设定详细严格的财务和资产运营目标，把控相关风险，高度关心子公司财务指标，较少关心日常经营。子公司是一个相对独立的运行体系，对母公司的负责集中体现在积极完成其制定的相关财务目标和产出指标，至于其他战略计划制定、组织内部管理、日常生产运营等活动都拥有充分的自主权力。

很多通过“局改制”形成的企业集团或者是处于多元化初期发展的企业集团都会采取这样的管控方式[①]。因为母公司新进入一个陌生的行业，并没有相应的行业经验和技术能够指导子公司发展，只能通过对下属企业制定相应的财务指标来进行监督控制从而规避风险。母公司把权力下放给子公司，让相对专业的子公司管理者来制定决策，寻找合适的战略目标和生产运营方式。

例如，中粮集团在重组中纺集团时，中粮总部明确提出将下放管理层选择权、资产经营调度权、重大事项决策权和利润分配权等，保证集团旗下专业化公司和上市公司的决策都是以市场化为核心，有效提升企业的运行效率。这样的制度使中粮集团实现了从“管人、管事、管资产”逐渐过渡到“管资本”，这样的“管资本”策略就是一个典型的财务管控策略，既能够保证国有集团旗下的子公司有充分的活力在市场上参与竞争，又保证了集团总部对子公司的监督把控，实现国有资本的保值增值。

---

① 武立东，黄海昕，王凯．企业集团治理研究[M]．北京：高等教育出版社，2014.

二、运营管控

运营管控是最严格的管控方式，集团集权程度高，母公司和子公司间的关系近，各下属公司间的关联程度高。该管控模式中，母公司的角色是掌舵人和管家，全面负责对子公司的计划、组织、领导、控制，协调子公司的整个经营活动。子公司本身是一个依赖型存在，配合母公司的各项命令，基本没有独立的活动计划和运营目标，属于一个执行部门。

类似这样的下属公司高度依附母公司的管控模式，需要母公司有很强的技术专业性、总体协调性和长远发展眼光，具备与子公司所在领域相关的专业知识、业务运营能力以及监督能力，能够精确计算并规避风险。很多具有大规模生产、自然垄断业务性质和处在相关多元化初期的企业集团，如电力、煤炭、铁路、钢铁等行业企业，都采取运营管控的方式①。

例如，中国石油针对其旗下的成品油零售业务和加油站管理就采用了运营管控模式。加油站是中国石油最直接面向大众的销售窗口，承担着中国石油销售端的一线业务，所以加油站的运营效率会影响中国石油的经济效益和集团战略，这也决定了中国石油需要把加油站牢牢掌握在总部手里，加强对加油站的日常运营管控和监督，保证其基础设施的良好运营、信息传递的及时准确以及员工业务操作的熟练精确，从各个环节进行把控从而力戒高损耗、低效率，堵塞运营漏洞。这样的模式决定了加油站是一个日常性的生产操作部门，不需要过多地发挥自己的主观能动性，最主要的任务就是听从总部指挥，执行相关决策，提升运营效率，从而保证集团的效益。

① 武立东，黄海昕，王凯．企业集团治理研究[M]．北京：高等教育出版社，2014.

三、战略管控

战略管控是一种集权程度介于财务管控和运营管控之间的管控模式，母公司和子公司间保持适当的距离，母公司的角色是领路人，负责为子公司制定战略方向和相关的业务规划，实行监督职能，把控不确定性风险，高度关心下属企业的业务协调性，如子公司提供的产品和服务所针对的市场、目标客户，与利益相关者间的关系等。子公司在母公司制定的战略基础上，合理规划生产运营目标、财务绩效指标等，属于一个自立的跟随者。

这样的管控战略适用于企业集团重组兼并初期或集团多元化层级过多的情况，具体表现为母公司对下属企业所在行业有一定了解，集团内部的核心战略是变优变强、协同发展，由此整个集团需要朝着一个或者多个交互有益的战略发展。在这样的情况下，母公司赋予子公司相对充足的自主权，有助于提升子公司对市场变化的快速适应能力。

例如，2016 年中化集团根据市场的变化制定了增加企业一线市场份额、提高市场灵活度和竞争力的目标，提出将整个集团打造成为一家“创新型的石油化工和精细化工企业，涵盖农业、地产、金融的多元化投资控股公司”，并将企业集团的资源重组整合为涵盖能源、化工、农业、地产和金融的五大事业部门，将总部的权力下放给各个板块公司，按照总部统一战略目标、板块公司分步实施的原则，激发和增强五大事业部门的主观积极性和创新活力。这样的管控方式就是典型的以战略管控为主的集团模式。

四、三种管控模式对比

这三种集团管控模式在权力分配程度、母公司核心作用、母公司管控重点、与母公司关系距离、管控力度、集团规模、母子公司业务关联度、领导风格等方面有所差异，具体分析见表 5－1。虽然集团管控模式间各有不同，但是不分优劣，主要是根据集团内部所处阶段和相关影响因素来进行综合评价。在现实的集团中，这三种管控很多时候都是相辅相成一起使用并根据集团的转型、下属企业的变动适时调整，从而提升集团整体竞争优势。

表 5－1 三种管控模式对比

对比因素	财务管控	战略管控	运营管控
权力分配程度	分权管理	集分权并行管理	集权管理
母公司核心作用	产出协调	业务协调	过程协调
母公司管控重点	财务、资本	战略、业务	生产、经营
与母公司关系距离	远	适中	近
管控力度	弱	适中	强
集团规模	大	较大	中等
母子公司业务关联度	低	适中	高
领导风格	低	适中	高

近年来，随着国有企业改革的逐步推进，各企业集团不断进行兼并重组，我国的国有资本投资公司整合了拥有不同核心主业和不同业务发展情况的企业。这样的集团整合历史决定了集团的业务多元化、分层化，并且集团总部难以针对每一个子公司给出专业、具体的生产运营规划。根据表 5－1 列出的各管控模式的特点，可以发现中国的国有资本投资公司更加适合坚持以战略管控为主、财务管控为辅的管控方式。但是如何能够使实施重组的企业合并后达到“1＋1＞2”的效果，并且使得国有资本的投资运营和配置效率得以提升，仍是值得我们深入分析和思考的问题。

五、传统三分法的不足

1. 三分模式呈现管控“一刀切”现象，缺少中国的“情境化”解决方案

传统三分管控模式是在 20 世纪 80 年代由美国管理学家 Michael

Gould 等提出的，当时的背景是美国大力发展资本主义，市场经济欣欣向荣，外部限制较少，大型企业集团发展空间较大，职业经理人市场和相关的激励机制初具雏形，集团积累了大量的优质人力、资本、信息资源，总结并找到了适合美国企业发展的治理框架和管理方式。而中国目前的企业集团管控还处在发展阶段，经济体制、政策导向都和美国有所区别，很多集团内部没有建立真正的运行模式、形成相关的资源储备，并且中国的企业集团来源于国有企业的兼并重组或者是民营企业的壮大，这也和美国发展不尽相同。但是在实践中，很多在中国背景下的集团企业照搬照抄所有的内容，而不考虑企业所处的宏观情境，如政策、经济、人文社会、技术发展、环境变化等，也不分析产业环境中竞争者威胁价值链上下游状况以及企业内部的发展历程、特点、结构等。如果不能“因地制宜”做出改变，中国企业集团终将会因为其管控模式忽略的具体情境因素而承担巨大的内外部风险。

2. 对管控手段认识不全面，缺少公司治理视角

公司治理是企业管理的核心手段，公司治理架构的设计和公司治理机制的完善需要协调企业集团的战略、财务、运营、人力、生产等各个方面。因此治理也应该成为与传统三分管控同等重要的考虑因素，利用集团内部各权力间的制衡、母子公司上下级间的制约来实现集团的协调可持续发展。例如母公司通过持股人身份进行监督和问责，下派执行董事、审计人员进行监督控制，聘用独立董事等。

3. 缺少集团大局观，忽略子公司的主观能动性

传统的三分模式主要考虑母公司对子公司的集分权程度，是直接由上而下的实施，关注的是母公司和针对制定管控的子公司，但是忽略了子公司的主观能动性以及制定战略的协调性。例如母公司针对子公司甲制定的管控策略是 A，针对子公司乙制定的管控策略是 B，但应该在制定 A 时也考虑母公司、下属公司甲乙间的协同关系。集团管控的核心是集团利益最大化，这不仅要关注集团内部个体的利益，也要关注整体

利益，不仅要关注当前的利益，也要关注长远的利益。

第二节　国有资本投资公司相机管控策略

上文已经详细论述了三种传统的管控方式及其局限性，问题主要集中在传统三分法没有在中国情境下考虑问题、缺少相关的公司治理视角以及忽略了子公司的主观能动性。针对这些不足，我们系统分析国有资本投资公司一般采用的战略类型，根据母公司的战略提出针对子公司的相机管控策略。具体而言，结合传统三分法的母公司集分权维度，并引入子公司响应授权积极性这一维度，将子公司分为四大类，分别是乖巧型、懈怠型、调皮型和卓越型，最后通过中国铝业公司的分类管控案例来具体论述不同管控策略的适用情境。

一、国有资本投资公司下属企业类型划分

在国有资本投资公司中，子公司的战略类型划分一般取决于企业集团层面的战略选择。本书基于国有资本投资公司制定战略时着重考虑的企业效率和企业创新两个维度将集团层面的战略划分为四种类型（Miles 和 Snow，1978），并论述每个类型的具体情况和相匹配的子公司管控模式，具体如图 5－1 所示。

防御者（Defender），主要是拥有成熟产品且具有一定市场份额的企业。管理者适应了现有的经营方式，公司投入较多的前期成本，除非市场变化较大否则不愿意再进行新尝试和创新，在市场上运用现有的产品和份额进行防御，倾向于提高企业效率。

分析者（Analyzer），主要是拥有一些占据市场份额的成熟产品，管理层还在不断创新产品、进军新市场的企业。公司既会不断地分析市场风险，又能够创新产品和服务：在外部市场较为稳定时，公司会致力于生产运营的效率；在市场存在极大不确定时，公司会积极关注竞争对

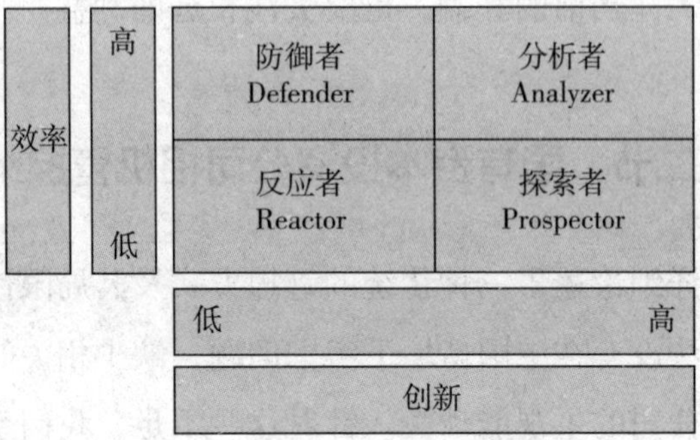

图5－1　国有资本投资公司集团层面的战略分类矩阵

资料来源：借鉴 Miles 和 Snow 的战略理论整理而成。

手的情况和宏观环境动态实时做出调整。

反应者（Reactor），主要是缺乏提前分析内外部环境变化的能力、在市场上属于模仿者和跟随者角色的企业。这类企业无具较强竞争力的产品或服务，管理层无法主动适应外部竞争和内部协调控制，只能被动地适应环境变化，在迫不得已的情况下进行战略调整，没有具体的主动性目标。

探索者（Prospector），主要是拥有一些新兴产品、市场份额较少但管理层在不断进行创新投入、挖掘新市场的企业。这类企业积极响应外部环境的变化并根据外部变化来优化内部发展。它们主要致力于市场能力和研发科技的提升，拥有较强的发展潜力和丰富的产品线。

这种集团层面的战略差异会影响母公司为子公司制定的不同战略：在防御者战略中，母公司更多的是保留自身的优势并发展生产力，这样的情况导致母公司更倾向于实施集权的管控方式；在探索者战略中，母公司的首要目标是发现新产品，开拓新市场，这样母公司更可能支持子公司放手一搏，实施分权管控。分析四种类型的特征可发现，母公司会根据其自身的战略定位来决定对子公司的授权程度及相关的辅助支持，从而选择相对应的管控策略。

基于集团网络观，母公司和子公司在整个集团这张大的网络中既相互独立又相互关联。子公司是一个能够独立运营的法人机构，在母公司对其授权程度确定的前提下，子公司内部的因素会影响其响应授权程度的自主性，响应程度取决于下属企业的公司治理结构、领导人风格、相关激励政策、权力与责任的划分等。由此，本章建立了以母公司授权程度和子公司响应授权积极性作为交叉维度形成的矩阵，构建了对国有资本投资公司下属企业进行分类的基本框架。其中母公司授权程度表示母公司针对子公司的集分权程度和子公司的自主权程度：授权程度高则属于分权管理，子公司的自主权力较大；授权程度低则属于集权管理，子公司的自主权力较小。子公司响应授权积极性表示子公司实际行为是否超出授权程度，即子公司展现出的自主性，响应积极性高则自主性强，响应积极性低则自主性弱。图 5－2 展示了对子公司进行类型划分的 4S 分类矩阵。

这个矩阵将子公司划分为 4 类，分别是乖巧型子公司、懈怠型子公司、调皮型子公司和卓越型子公司。接下来，我们会论述四种类型的子公司的具体内涵。

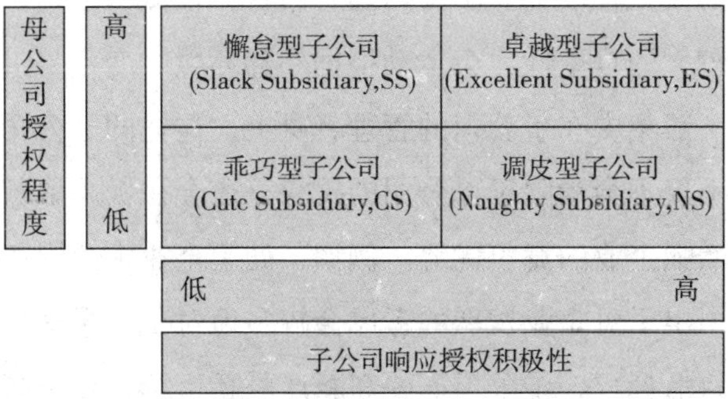

图 5－2　子公司 4S 分类矩阵

1. 乖巧型子公司（Cute Subsidiary，CS）

母公司的授权程度低，体现为集权式管理，子公司较少拥有自主权，仅是母公司的一个执行部门；子公司的响应授权积极性也较低，不会主动地去承担超过授权程度的任务。这样的子公司在集团中较少承担如科技创新、新产品新市场开发等不确定性任务，较多属于配合母公司完成日常生产运营活动的部门，没有也不需要自主权，完全服从母公司的战略安排。

2. 懈怠型子公司（Slack Subsidiary，SS）

母公司给予子公司很高的企业自主权，但是子公司自身没有较高的驱动性，不会积极回应母公司的授权，部分放弃拥有的自主权力。其原因一般是集团公司内部的能力和技术与母公司下放的权力不匹配，或者是子公司领导者属于保守型领导，高重视风险规避、低关心战略创新，缺乏企业家精神。例如，处于衰退期的企业，之前由于成长期和成熟期的良好业绩拥有较高的授权程度，但是出于内外部原因进入衰退期后，企业的资源和能力都没有办法应对新的环境，或者管理者仍然坚持之前的战略而没有及时开拓新领域，导致“懈怠”的出现。

3. 调皮型子公司（Naughty Subsidiary，NS）

母公司的授权程度低，子公司拥有的自主权低，但是子公司在面对授权时，有较大的自主性，会主动根据外部环境的变化来进行内部战略创新。原因一般集中在子公司的管理者身上，这样的子公司一般拥有开拓型领导，不仅不会受限于母公司的授权，还会积极采取行动来获取资源和信息，增强企业的竞争优势。例如，处于企业生命周期中成长期的企业，母公司出于对企业发展的考虑会较多地对子公司施行控制和战略调整从而导致低授权，子公司需要在新产品新市场上站稳脚跟，在配合母公司授权的基础上不断开拓创新，增加市场占有率。

4. 卓越型子公司（Excellent Subsidiary，ES）

这类企业的母公司授权和子公司响应程度都很高，是一种理想配合。母公司对子公司比较放心，给予充分的自主权，子公司回应以高度的自主性，不断创新企业战略。这样的子公司在集团中会承担较多的高风险、高不确定性任务，属于集团发展的排头兵，在母公司的高度放权基础上，主动进行市场开拓和新领域开发。

二、不同类型下属企业的管控策略

前文我们已经论述了传统三分法的不足。在现代企业中，并不是简单的“一刀切”式管控就能满足整个企业集团的发展要求的，而需要我们在经典三分法的基础上，运用具体问题具体分析的思路，对整个集团的业务特点、综合优势、治理结构、组织结构、人力资源、流程、信息系统等进行系统思考和设计，并在实践中不断优化完善。

1. 乖巧型子公司

CS型子公司在集团中最主要的任务就是保证生产运营效率，母公司应该对其采取低授权高控制的做法，这样才能将CS型子公司的目标与母公司的目标协调起来，满足集团利益最大化，可以采取以下几种控制方法。

（1）战略控制。经典的目标管理理论强调，企业集团在明确了各个子公司在集团中的地位和作用后，会将整个集团的战略目标分解到子公司，具体规定子公司的生产经营活动。战略控制是CS型子公司运行的“眼睛”，可以保证子公司的行动是为母公司服务的，避免母子公司间的目标不协调带来的损失。

（2）财务控制。CS型子公司的日常生产经营活动与母公司密切相关，母公司定期检查子公司财务账目、了解相关重要信息，保证审计准确性，这样才可以在下一轮战略制定中更好地了解子公司状况，因地制宜地进行管理控制。

（3）人事控制。引进与母公司相匹配的公司治理体系，参与子公司日常生产运营，加强事前事后监督。母公司按照所持子公司股份派遣董事进入董事会、任命核心管理人员、聘任职业经理人，相对全面地掌握子公司信息，避免出现委托代理问题，降低隐形交易成本。

（4）资源控制。根据资源基础观，每一个企业都需要赖以生存的独特资源，获取竞争优势的前提就是企业能够掌握并充分运用所需资源，特别是一些稀缺、不可替代的资源。Birkinshaw（1998）研究表明，价值活动不完整的子公司必须依赖母公司帮助统筹协调，提供其相应的资源。因此，母公司可凭借其独有的资源垄断优势对子公司进行控制。

（5）生产运营控制。CS 型子公司的地位决定其存在就是为集团母公司服务，此时的子公司就是母公司下设的一个部门，生产运营的各个环节都需要母公司协调安排。通过资源控制和生产运营控制，如相关采购、技术支持、品牌授权使用等，母公司会牢牢把控子公司，避免日常生产运营出现的问题。

2. 懈怠型子公司

SS 型子公司属于母公司授权程度与子公司响应积极性不匹配的企业类型。中国的国有资本投资公司很多都是兼并重组而来，很多集团总部不具备子公司专业领域的相关知识，无法因材施教地对其进行指导，只能把权力下放给子公司，这就导致母公司高度授权这一维度难以改变，所以需要子公司发挥自主性，由 SS 型向 ES 型转变。可以采取以下几种控制方法：

（1）战略控制。SS 型子公司最大的问题是自主性不高，所以母公司可以制定集团内部各子公司的良性竞争战略，使子公司由竞争来获得各项资源，调动其积极性。这要求母公司必须处于一个公平公正的地位，设计一视同仁的规则，要处理好各子公司的共性和特性问题，用高超的战略手段调动 SS 型子公司的内部积极性。

（2）财务控制。一般的财务控制都是事后控制占主导，但是针对 SS 型公司要改进为事前控制占主导。母公司根据上一年的情况分析子公司可以改进的地方，针对此制定财务“军令状”，这样做既可以有效解决子公司存在的客观问题又可以避免高层管理人员的不作为现象。

（3）人事控制。从人事角度看，SS 型子公司产生的原因一方面可能是没有相关的激励，“做好做坏一个样，做多做少一个样”，这样会减弱子公司管理者的积极性；另一方面可能与领导人的风格有关，一般保守型领导人缺乏创新、奋进、刻苦等企业家精神，抱着“不求有功但求无过”的想法，这时候就需要母公司引入有效的公司治理体系、匹配的治理机制，包括建立合理的激励机制、容错机制，引入敢闯敢拼的管理者，聘用有经验、有口碑的职业经理人，等等。

（4）资源控制。SS 型子公司没有发展的动力还可能是由于不能得到发展所需的资源。ES 型子公司需要有充足的人力、资本、信息资源来支撑其不断发展的新风口新机会，SS 型子公司没有同等的条件，为了维持现状只能表现出较低的积极性。母公司要通过资源控制，帮助子公司构建相关能力。例如利用新型的科技设备、引进高等学校人才、建立符合企业发展和员工职业生涯的知识技能培养体系等，点燃组织内部学习热情，构建学习型组织。

3. 调皮型子公司

NS 型子公司也属于母公司授权程度与子公司响应积极性不匹配的企业类型，即集团未下放某类事项的授权，但是子公司超出授权开展了相关行为。对于这类型子公司，需要判断其未获授权行为是否对集团公司有利，根据实际情况选择管控策略。这里会出现一个疑问：企业总能正确地判断子公司行为对集团是否有利吗？答案显然不是，特别是在判断长期战略行为时，更是有各种因素在不断变化作用，所以判断错误的情况属于“薛定谔的猫”，我们这里不加以讨论。本章主要是针对企业能够根据未来发展趋势或者集团制定的总体战略来判断正误这一情况。

我们先来分析 NS 型子公司的自主性行为对集团有利时的情景。这时子公司的行为是友好的、符合企业战略发展的，反而是母公司应该做出调整，帮助子公司转变为 ES 型子公司，针对子公司的有益行为进行权力下放，不要束缚住子公司的“手脚”，应该施行的管控是：

（1）财务控制。这时母公司要让子公司自己进行经营规划，可以对子公司进行监督，查看相关财务报表，审计企业状况，只要保证能及时有效地了解子公司现状即可。

（2）资源支持。因为母公司针对子公司会进行进一步的权力下放，也应该针对子公司的需求给予资源支持，满足其发展需求，支持子公司向 ES 型转变。

我们再来分析 NS 型子公司的自主性行为对集团不利时的情景。这时子公司的行为完全不符合企业战略发展，需要母公司遏制子公司的相关行为，重视子公司的各项经营活动，控制其相悖发展，将其引向 CS 型子公司。应该施行的管控是：

（1）人事控制。从前文可知，管理者的领导才能对企业的前进方向起决定作用。所以当子公司的自主性行为不利于母公司时，首先要了解管理者的想法，充分尊重管理者，如果发现是管理理念的偏差，可以及时商量调整，若是其他不可调和的原因，则可以考虑通过人事控制引入新的管理者，及时调整子公司的发展方向。

（2）生产经营控制。针对与母公司战略发展相悖的 NS 型子公司，母公司为了减少损失，会亲自规划其后续的生产经营活动，利用股东身份干涉董事会相关决策，甚至还会进一步收回之前下放的权力，以此来减少其自主决策，将子公司的重心重新引回有利于集团发展的生产经营上。

（3）战略控制。战略控制是很好理解的，NS 型子公司的行为会损害母公司的利益，这样的战略决策会被母公司负责人否定，母公司会从有利于整个集团发展的角度重新为子公司制定战略，并监督其实施，再进行相关作业检查。

（4）财务控制。财务控制是母公司了解子公司现状的重要方式，母公司越不放心子公司越会频繁地检查其账目、派驻审计人员，从而保证子公司的战略活动是听从母公司安排的。

（5）资源控制。针对 NS 型子公司，母公司为了将其引导成为 CS

型子公司，会减少其自主权，降低其战略目标中的不确定性，将最放心最不容易出错的任务交给这样的子公司来做。所以会对其进行资源控制，相对较少地提供创新性、新颖资源，加强技术控制，而较多地提供日常生产运营所需资源。

4. 卓越型子公司

ES 型子公司在集团中最主要的任务就是利用其自主性去实现相关的战略目标，母公司应该保证其拥有高度的自主权，并且扮演一个配合者、服务者的角色，支持 ES 型子公司发挥能动性，提高效率。可以采取以下几种管控方法：

（1）战略控制。ES 型子公司一般有较强的自主性和开拓性，拥有优质前沿的人力、资本和信息资源，母公司可以通过战略控制来利用 ES 型子公司帮助其他子公司，为其他子公司输出有用资源。但是这必须综合考虑 ES 型子公司的内部情况，对其进行较高的激励或者是协调其他子公司配合 ES 型子公司发展，实现双赢。

（2）财务控制。ES 型子公司会根据母公司的战略目标确定相关计划，母公司要敢于放权让其去开拓新产品、新市场、新技术，但是需要配套的财务控制，例如，派遣独立董事、推荐监事会成员、行使股东审查权力、查看会计报表和相关数据等，这些都是母公司间接控制子公司的手段，可以帮助母公司一定程度了解子公司的现状，助其分析内外部情况，及时提供相应信息，还可以减少委托代理关系带来的风险和成本损失。

（3）资源支持。ES 型子公司是集团发展的排头兵，不确定性领域的开拓必然会承担更大的风险，需要前期投入较多资源。这就要求母公司对其提供更多的帮助，对一些特定的项目和市场实行优先或者是特殊申请通道、减少申报手续、优化审批流程、提高市场敏锐力和反应速度。

我国的国有企业集团一般都比较庞大，主要的形成方式有行政型

“局改制”和兼并重组。“局改制”形成的集团体系太过庞大，对下属企业所在行业专业知识了解较少，兼并重组则可能要更多地尊重被兼并企业的独立自主性，所以国有集团下属企业一般有一个共同特征是母公司的授权程度较高。这就决定了国有资本投资公司的子公司主要集中在懈怠型和卓越型两类，相关的管控方式也是配合这两种类型来具体设定。2019 年 4 月 19 日，国务院公布的《改革国有资本授权经营体制方案》中对于优化集团内部管控做出明确指示：国有资本投资公司以对战略性核心业务控股为主，建立以战略目标和财务效益为主的管控模式，重点关注所出资企业执行公司战略和资本回报情况。我们之前分析的国有资本投资公司子公司主要属于懈怠型和卓越型两类，这两类公司的管控模式都是以战略管控和财务管控为主、以其他管控模式为辅，这也与新政策的指示相一致。

三、中国铝业公司[①]分类管控案例

1. 充分授权

2008 年金融危机以后，为了应对铝市场的低迷、挽回亏损，中国铝业公司（以下简称“中铝公司”或“中铝”）这家大型集团转变自身的单一铝业务战略，不断开拓多元化业务，如铜业务、稀有稀土业务等，以市场为导向，突出自主研发和创新，积极开展核心技术和关键技术的研发和产业化，打造三级治理结构。随着战略和治理结构的转变，中铝的管控模式也由“操作管控型”向“战略管控型”转变。在“战略管控型”模式下，公司的不同层级具有不同的职能。在《关于进一步优化所属企业内部组织机构设置的指导意见》中，中铝不同层级的职能得到了明确界定：中铝总部为战略决策中心、投资决策中心、人事

---

① 根据武立东、王凯、杨军节等编写的教学案例《中国铝业公司多元化战略转型与企业集团治理结构变革》改编。该案例于 2014 年 9 月获第五届“全国百篇优秀管理案例”，收录于中国管理案例共享中心 http://www.cmcc-dut.cn/Cases/Detail/1600。

决策和考核评价中心、风险管控和监督检查中心，负责发展战略规划、重大投融资决策、资本运作决策，重要干部任免、考核评价和监督检查，为板块公司提供共享服务；板块公司是业务运营决策中心和利润中心，按专业管理下属实体企业；实体企业分属不同的板块公司，拥有市场主体地位，既是成本中心，也是利润中心。具体如图5－3所示，从中可以发现，在这种管控模式下，总部仅负责管理工作，不再直接参与运营。除了具体的业务运营外，总部还将一些其他方面的权限下放至企业层面，如技术研发和固定资产投资。并且鼓励企业之间进行良性竞争，使投资项目和集团整体战略保持一致，将权力充分授予各子公司，增加集团内部活力。

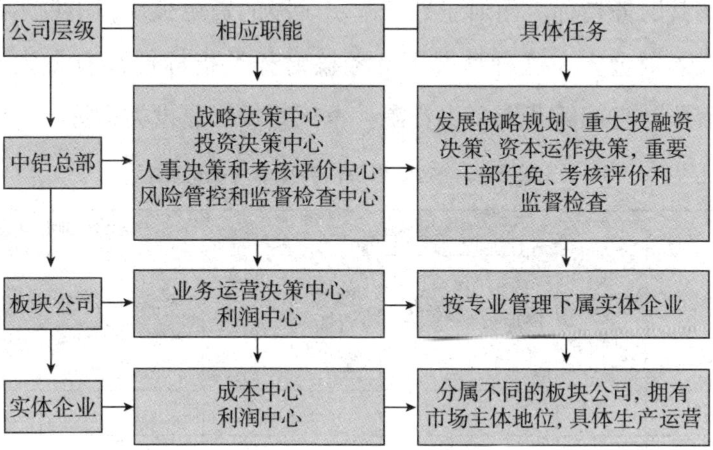

图5－3　中铝公司内部层级职能

资料来源：笔者根据中铝公司案例绘制。

2. 分类管控

随着中铝公司三级治理结构的改进，公司的管控方式也转变为以“战略管控型”模式为主、其他管控为辅的多层次分类管控模式，并体现在企业的业绩考核方面，主要有三类指标：财务类、板块建设类和否决类。财务类指标主要包括资产回报率、经济增加值（EVA）、营业收入、成本费用占营业收入比重、流动资产周转率等；板块建设类指标主要包括板块的发展战略、结构调整、管理创新及海外开发等；否决类指标主要包括安全环保、企业稳定、重大违规违纪等。

中铝公司会根据不同的子公司发展战略和业务的差别进行相机管控，例如针对铝板块规模大但亏损严重的情况，中铝提出要“做强铝业”；针对铜板块和稀土板块，为了不发生和铝产业类似情况的亏损，在总结评估了子公司的具体情况后，分别提出了“做优”与“做精”的要求。除了三大主业以外，中铝针对不同的板块设计不同的考核指标，并赋予不同的权重。表5-2列示了公司在对各个板块进行管控和业绩考核时的重点。例如，考虑到铝板块当前处于亏损状态，因此要重点考核其财务指标。而对于处于起步阶段的资源板块，不仅不盈利，还需要投入资金。在这种情况下，考核财务类指标便没有太大意义。相反，需要看它能够获取多少资源，考核其板块建设类指标。

表5-2　各大板块需要重点考核的指标

	财务类指标					板块建设类指标			
	资产回报率	经济增加值（EVA）	营业收入	成本/营业收入	流动资产周转率	发展战略	结构调整	管理创新	海外开发
铝板块				√	√				
铜板块							√	√	
稀土板块						√			
能源板块				√					
贸易板块			√						
资源板块						√			√
工程技术板块	√	√							
海外板块									√
财务板块								√	

注：划“√”的指标为重点管控指标。

资料来源：引用案例资料。

中铝公司构建了总部—板块公司—实体公司的三级治理结构，根据集团规模大、专业性不强等特点，中铝总部对子公司施行了充分授权的策略，针对各个子公司的特点和所处市场环境，对不同的子公司采取以“战略管控”为主、其他管控为辅的综合性分类管控措施。中铝公司构建分级治理结构以及根据总部状况和子公司具体情境制定不同的管控策略，这样的模式与我们之前的管控策略框架理论表现出了一致性。

第三节　国有资本投资公司管控要点

上文详细介绍了国有资本投资公司会根据自身的战略定位针对不同类型的子公司制定相应的管控策略，这样的相机策略能够帮助集团因地制宜地选择管控策略。除此之外，国有资本投资公司在对子公司进行管控时还要注意权力与责任的统一、管控与平台服务的统一、企业内部存量与增量的统一以及合规与风险管理的统一，整合企业的内部资源，提升企业集团的整体效率。

一、权力与责任的统一

目前很多国有资本投资公司体量都很大，总部下设的模块公司和实体公司层级较为复杂，总部的知识覆盖面和兼顾能力却是有限的，在这样的情境下，总部应该施行分权管理，将权力下放给更专业的子公司。但是现实中很多集团领导都把权力握在手中，演变成运营管控；或者是在很多混合所有制企业中，民营企业被国有企业并购后，新集团领导做的第一件事情就是变更为集权的管理方式，任何事情都需要上报处理。这也是目前我国国有企业改革的一个难点，即相关政策一直在倡导要放权授权，但是现实中却是收权集权。出现这种现象的原因具体如下：一是在授权后，总部管理者承担的责任大于其享有的权利。主要表现为授权后子公司一旦出现问题，总部管理者也被问责。二是和国有企业领导的行为风格、行政背景有关，特别是行政型领导还会在乎自己的政治生涯。领导权力放下去，但是责任还在上层，出了问题被问责的是母公司直接管理的领导，为了保险起见便把权力都收回来。

现在我们提倡在国有资本投资公司的管控中，一定要确保权力和责任的统一。从一定意义上讲，实现权责统一的主要途径在于充分发挥企业集团对下属企业的监督制约作用。首先要完善责任制度，按照责任落实到个人的原则，建立个人问责制，以及配套的容错机制；其次要针对不同的责任制度区分权力下放程度，在权力干预或下放的同时，责任也应当收回或下放；最后要根据《国务院关于印发改革国有资本授权经营体制方案的通知》建立相应的评价反馈体系，定期评估效果，采取扩大、调整或收回等措施动态调整。总部针对评估优秀的子公司进行宽松授权，评估不合格的子公司可以收回授权。如此，便可以从总体上解决权力和责任不对等、责任主体不清晰导致低效率等问题，全面提升国有资本投资公司管控水平。

二、管控与平台服务的统一

随着国有企业改革的不断深入，各地区、各行业的国有企业都在不断地重组合并，建立大型的国有企业集团。很多企业在集团化的同时也采取了各种各样的管控方式。国有企业集团的形成方式主要有：多家国有企业联合重组、“局改制”式直接由政府机构转变为企业集团、企业集团为了增量目标不断扩张等。这些形成方式决定了总部在集团中处于绝对权威地位，像是一个高高在上的长辈，特别是由于行政原因形成的企业集团，集团的管理者很多都是原先的行政人员，管控方式更类似于命令式，有距离感。子公司也会感到有压力和不适，但是没有渠道或者胆量向上提意见，从而导致管控失灵、效率低下。

要解决这个问题，集团公司在进行管控时，应该摆正自己的位置，明确自身既是管控主体又是服务主体；既要有自上而下的管控，保证集团中心能够全面了解子公司的发展进度，也需要打通一个由下向上的通道，为子公司打造一个发声平台，将中心和其他相关子公司的资源整合起来，实现资源共享，对集团下的板块公司、实体企业进行专业集中的管控。所以单一传统的三分法管控模式有很大的局限性，需要施行管控与平台服务的统一，将平台建成一个体现复合式管控手段的载体，既要具有战略管控模式的内容，也要体现运营管控、财务管控模式的特点，兼而有业务管理、内控管理及资产整合的多重功能。集团化运作是平台化管控模式的基础，能有效帮助集团公司在全集团范围内调整资本存量结构，优化资源配置，实现生产要素互补，实现优质资源向高技术高发展企业流动，实现集团整体效益最大化。①

三、存量与增量的统一

集团管控体系是集团战略实施的保障体系，战略选择的实施要求集团管控模式与之相匹配。集团战略要解决组织存在的意义、长期目标、使命愿景和定位，厘清市场、服务、竞争间的关系，回答集团利益相关者关于企业发展方向、扩展领域和措施手段的问题，即处理集团现有子公司的存量以及兼收合并的增量问题。就我国国有企业的子公司增量和存量而言，很普遍的问题是集团现存规模较大、涉及的行业较多，但很多子公司都面临剧烈的市场变革而自身又存在技术滞后、产品落后等问题，母公司也没有考虑开拓新市场、新领域，这就导致很多企业出现落后存量过多但新兴增量跟不上的现象。

从存量来看：集团公司在对当前的下属企业进行管控时，需要综合考虑企业的总体战略，对现有存量进行把控：针对不同类型的子公司选择相应的管控方式，并且评估管控结果、子公司绩效和具体发展前景，对不符合集团发展战略以及发展潜力低的子企业进行转型，对达不到相

① 黎明．集团管控的平台化建设[J]．现代国企研究，2013(10)：46－49.

关目标或者亏损严重的企业进行内部重组或者剥离，帮助集团“减负”，把重点都放在发展型领域，寻找新兴增量。例如英特尔公司放弃了存储器市场这一存量，拥抱了微处理器这一新兴增量，成为国际巨头。

从增量来看：扩大增量是集团公司发展新产品、开拓新市场和开发新技术的有效手段。扩大增量有两种方式：一是集团公司通过并购重组快速获得所需要的资源，扩大集团规模。例如，2016 年金隅集团（股票代码 601992，实际控制人为北京市国资委）通过股权收购的方式取得了上市公司控股股东冀东集团的控制权，这将有助于集团内部疏解过剩落后产能，实现产业优化，布局新兴创新市场，提升企业集团的盈利能力、竞争实力及可持续发展能力。二是通过运用集团内部资金投资新产品新市场，引入新兴业务来扩大增量。例如，近年来，很多企业集团开始引入 CVC 模式①。CVC 模式的运用主要是指非金融性企业集团将资金注入其设立的独立投资部门或子公司，这些子公司代表总部对集团外部的创新创业公司进行直接投资，目的是保证集团能够把握行业发展的新方向，抢占投资先机。这样的模式有别于把资金投到集团内部子公司或者投到第三方平台由其进行再投资，因为投资于新兴市场的企业能够帮助集团进行多元化发展，并且直接投资会促进集团更认真地评估相关企业质量从而保证集团增量为优质增量。所以，CVC 模式是一种帮助企业实现内部结构扩张、发现前沿科技的有效创新途径，是典型的利用集团内部资源实现新兴增量孵化的手段。

四、合规与风险管理的统一

合规是企业可持续发展的基石，风险管理是企业内部风险有效管控的机制和文化要求。近年来，国际社会和各国政府都致力于建立和维护

① 田轩，等．2018 年中国 CVC 行业发展报告[R]．清华大学国家金融研究院创业金融与经济增长研究中心、全球并购重组研究中心、创业邦联合课题组，2019.

开放、透明、公平的社会秩序，与此同时，我国正在全面推进依法治国、深化国企改革，在这样的背景下，国有企业不论是在国内发展还是开展海外业务都离不开合规以及风险管理。因此，合规与风险管理的统一成为国有资本投资公司管控的要点之一。①

1. 合规的定义

关于合规的定义，以下4个文件均有表述：

（1）2006年10月25日，中国银行业监督管理委员会发布《商业银行合规风险管理指引》，这是在我国企业合规的定义出现最早的政策法规文件。

其中第三条规定“本指引所称合规，是指使商业银行的经营活动与法律、规则和准则相一致”。

（2）2017年12月29日，经国家质量监督检验检疫总局、国家标准化管理委员会正式批准，GB/T 35770－2017《合规管理体系指南》（以下简称2017《合规指南》）发布，并于2018年7月1日正式实施。这是我国首部合规管理体系标准，可指导企业建立、实施、评价和改进合规管理体系，从而达到对风险有效的应对和管控。②

该指南将合规定义为：履行组织的所有合规义务，包括合规要求和合规承诺。合规意味着组织遵守了适用的法律法规及监管规定，也遵守了相关标准、合同、有效治理原则或道德准则。③

（3）2018年11月2日，国务院国资委发布《中央企业合规管理指引（试行）》（以下简称《央企合规指引》）。④

① 张莉．“合规”挑动出海中企神经——专家解读《合规管理体系指南》[J]．中国对外贸易，2018，625（7）：44－45.

② 韩丹东，陈睿哲．完善合规管理体系应对“走出去”法律风险[N]．法制日报，2019－05－16.

③ 魏昌东．监督职能是国家监察委员会的第一职能：理论逻辑与实现路径——兼论中国特色监察监督系统的规范性创建[J]．法学论坛，2019，34（1）：26－37.

④ 樊光中．学习《中央企业合规管理指引（试行）》与思考（二）[J]．新产经，2019，99（1）：47－48.

《央企合规指引》第二条规定“本指引所称合规，是指中央企业及其员工的经营管理行为符合法律法规、监管规定、行业准则和企业章程、规章制度以及国际条约、规则等要求”。

（4）2018年12月26日，国家发展改革委、外交部、商务部、人民银行、国务院国资委、外汇局、全国工商联七部委共同印发《企业境外经营合规管理指引》（以下简称《企业境外合规指引》）。

《企业境外合规指引》第三条规定“本指引所称合规，是指企业及其员工的经营管理行为符合有关法律法规、国际条约、监管规定、行业准则、商业惯例、道德规范和企业依法制定的章程及规章制度等要求”。

综上，关于合规的定义，2017《合规指南》和《企业境外合规指引》的表述较为宽泛。就规范的主体而言，《央企合规指引》和《企业境外合规指引》一致，都是针对企业及员工，而2017《合规指南》则针对组织。在合规的范围上，《企业境外合规指引》与《央企合规指引》基本一致，但前者对后者进行了一定扩展。因此，对于国有资本投资公司而言，笔者认为可参照《央企合规指引》和《企业境外合规指引》对合规的定义，表述为：合规是指国有资本投资公司及其员工的经营管理行为符合有关法律法规、监管规定、行业准则、商业惯例、道德规范和企业依法制定的章程、规章制度以及国际条约、规则等要求。

2. 风险管理的定义

理解风险管理的定义，首先应该了解合规风险与合规管理的概念。

（1）合规风险与合规管理。

关于合规风险，2017《合规指南》和《央企合规指引》均有表述。

2017《合规指南》对合规风险的定义为：“若不合规，组织可能遭受法律制裁、监管处罚、重大财产损失和声誉损失，由此造成的风险，即为合规风险。”《央企合规指引》所称合规风险，是指中央企业及其员工因不合规行为，引发法律责任、受到相关处罚、造成经济或声誉损失以及其他负面影响的可能性。两者对合规风险的定义，虽然表述不同，但定义的内涵是基本一致的。①

根据《央企合规指引》，合规管理是指为了实现合规目标，在制定合规管理制度的基础上，通过建立合规管理体系，完善合规管理机制，防范和应对合规风险的活动。②

可见，合规管理是企业内部的一项核心的风险控制活动，是为了防范合规风险开展的有组织有计划的管理活动，是对合规风险的管理。

（2）风险管理。

关于企业风险管理的定义，2006 年 6 月 6 日，国务院国资委发布的《中央企业全面风险管理指引》（以下简称《风险管理指引》）中有比较全面的表述。③

根据《风险管理指引》第三条，企业风险一般可分为战略风险、财务风险、市场风险、运营风险、法律风险等。《风险管理指引》第四条对企业全面风险管理进行了定义：指企业围绕总体经营目标，通过在企业管理的各个环节和经营过程中执行风险管理的基本流程，培育良好的风险管理文化，建立健全全面风险管理体系，包括风险管理策略、风险理财措施、风险管理的组织职能体系、风险管理信息系统和内部控制系统，从而为实现风险管理的总体目标提供合理保证的过程和方法。

3. 合规与风险管理的关系

我们通过对合规概念的界定，把握了合规风险的内涵，通过对风险管理的认识，明确了风险管理的内涵不仅仅包括对合规风险的管理，从而得出合规风险管理是风险管理的一部分的结论。两者之间的关系体现

---

① 樊光中．学习《中央企业合规管理指引（试行）》与思考（二）[J]．新产经，2019，99（1）：47－48.

② 郑智敏．电网企业合规管理初步探究[J]，新产经，2018，95（9）：49－52.

③ 王卓．中核房地产公司养老地产开发项目风险评估与控制[D]．衡阳：南华大学，2019.

在以下三个方面。

（1）合规是风险管理的必要环节。

企业管控的动力来自企业对风险的认识和管理，对于企业所面临的大部分风险，合规管理始终贯穿其中，是企业必要和高效的风险管理的有效手段。同时，满足内部控制系统的要求，建立企业风险管理体系，也是国内外许多法律法规对企业合规的基本要求。

（2）合规是风险管理的必然要求。

2018 年 11 月 2 日，国务院国资委发布《央企合规指引》，其中第二条对合规、合规风险、合规管理的含义进行了说明，同时，还强调了合规管理是一个独立的全过程管理，包括“制度制定、风险识别、合规审查、风险应对、责任追究、考核评价、合规培训等”。①

国务院国资委明确要求中央企业应当按照全面覆盖、强化责任、协同联动、客观独立的原则加快建立健全合规管理体系，因此，《央企合规指引》的发布，为企业开展合规体系建设和相关工作提供了政策指导，进一步说明了合规和风险管理两者之间的关系，明确合规是风险管理的必然要求。

（3）合规与风险管理的统一是企业管控的核心要点。

从国企发展趋势来看，随着风险管理的不断完善和加强，合规与风险管理之间必然相互融合，甚至达到统一。

2015 年 12 月 8 日，国务院国资委发布《关于全面推进法治央企建设的意见》明确提出，在健全依法决策机制、依法参与市场竞争、依法开展国际化经营等方面，着力强化依法合规经营，并强调转变法律管理职能，从以风险防范为主，向推进法律风险防范、合规管理和法律监督一体化转变。②

---

① 樊光中．关于落实《中央企业合规管理指引（试行）》的思考与建议（六）——合规风险穿透识别原则［J］．新产经，2019，103（5）：50－51.

② 郑智敏．电网企业合规管理初步探究［J］，新产经，2018，95（9）：49－52.

2018 年 11 月 2 日，国务院国资委发布《中央企业合规管理指引》，标志着 2015 年以来在中央企业广泛实施的合规与风险管理工作经过近 4 年探索已进入一个新的阶段，对于中央企业包括国有资本投资公司而言，合规与风险管理的统一已成为其管控的核心要点之一。

丨第六章丨

国有资本投资公司资本运营

第一节　国有资本投资公司资本运营的含义

一、资本运营是国有资本投资公司的核心职能

国有资本投资公司的核心职能是资本运营。即通过资本市场、产权市场的运作，实现国有资本的进退，完成服务国家战略目标、提高国有资本运营效率和优化国有经济布局结构的使命。

国有资本投资作为国有资本市场化运作的专业平台，以资本为纽带、以产权为基础开展国有资本运作。国有资本投资公司资本运营的操作方式就是“资本投资”。例如，在所出资企业积极发展混合所有制，鼓励有条件的企业上市，引进战略投资者，提高资本流动性，放大国有资本功能。增强股权运作、价值管理等能力，通过清理退出一批、重组整合一批、创新发展一批，实现国有资本形态转换，变现后投向更需要国有资本集中的行业和领域。

二、资本运营的模式

资本运营的模式主要包括：

（1）增、减持股权。以市场化方式增、减持投资企业的股权；实

现国家战略目标和国有资本保值增值。

（2）设立基金。广泛吸纳各类产业资本和金融资本，设立股权投资基金，推进并购重组和行业整合，投资新兴产业，放大国有资本功能，增强国有资本盈利能力。

（3）管理基金。管理国家支持前瞻战略性新兴产业发展成立的基金，如健康产业发展基金、集成电路产业发展基金。

第二节　国有资本投资公司资本运营相关政策背景

国有资本投资公司的资本运作，是随着国有资本授权经营体制改革的深化一步步清晰和明确的，经历了国家相关政策的历史演进。

一、中共十八届三中全会《中共中央关于全面深化改革若干重大问题的决定》——首次提出国有资本运营公司和国有资本投资公司的概念

2013 年 11 月 12 日，中共十八届三中全会通过《中共中央关于全面深化改革若干重大问题的决定》。确定混合所有制经济方向，首次提出“国有资本运营公司”和“国有资本投资公司”的概念。与国有资本投资公司资本运作相关的内容如下：

（1）积极发展混合所有制经济，国有资本投资项目允许非国有资本参股。

（2）以管资本为主加强国有资产监管，改革国有资本授权经营体制，组建若干国有资本运营公司，支持有条件的国有企业改组为国有资本投资公司。

（3）国有资本继续控股经营的自然垄断行业，实行以政企分开、

政资分开、特许经营、政府监管为主要内容的改革。①

二、《中共中央 国务院关于深化国有企业改革的指导意见》——以管资本为主推进国有资本合理流动优化配置

2015年8月24日，中共中央、国务院发布《中共中央 国务院关于深化国有企业改革的指导意见》（中发〔2015〕22号）。作为新时期国企改革顶层设计的纲领性文件，从国有资本授权经营体制改革、国有资本优化配置、经营性国有资本集中统一监管、发展混合所有制经济四个维度，明确了国有资本投资公司的属性、功能和定位原则。涉及国有资本投资、运营公司的组建和运作规则，具体包括：②

（1）以管资本为主推进国有资产监管机构职能转变，准确把握依法履行出资人职责的定位。

“（十二）以管资本为主推进国有资产监管机构职能转变。国有资产监管机构要准确把握依法履行出资人职责的定位，科学界定国有资产出资人监管的边界，建立监管权力清单和责任清单，实现以管企业为主向以管资产为主的转变。”

（2）以管资本为主改革国有资本授权经营体制，改组组建国有资本投资、运营公司。

“（十三）以管资本为主改革国有资本授权经营体制。改组组建国有资本投资，探索有效的运营模式，……国有资本投资公司作为国有资本市场化运作的专业平台，依法自主开展国有资本运作，对所出资企业行使股东职责，按照责权对应原则切实承担起国有资产保值增值责任。开展政府直接授权国有资本投资公司履行出资人职责的试点。”

（3）以管资本为主推动国有资本合理流动优化配置，清理退出一

① 中共中央关于全面深化改革若干重大问题的决定[J]. 农村工作通讯，2013（22）.

② 孙明华，王继勇，董雷，等. 改革新节点[J]. 国企管理，2019（15）.

批、重组整合一批、创新发展一批国有企业。

“（十四）以管资本为主推动国有资本合理流动优化配置。……发挥国有资本投资公司的作用，清理退出一批、重组整合一批、创新发展一批国有企业。”

（4）以管资本为主推进经营性国有资产集中统一监管，建立覆盖全部国有企业、分级管理的国有资本经营预算制度。

“（十五）以管资本为主推进经营性国有资产集中统一监管。稳步将党政机关、事业单位所属企业的国有资本纳入经营性国有资产集中统一监管体系，具备条件的进入国有资本投资公司。”

（5）引入非国有资本参与国有企业改革。

“（十七）引入非国有资本参与国有企业改革。鼓励非国有资本投资主体通过出资入股、收购股权、认购可转债、股权置换等多种方式，参与国有企业改制重组或国有控股企业上市公司增资扩股以及企业经营管理。……开展多类型政府和社会资本合作试点，逐步推广政府和社会资本合作模式。”

（6）鼓励国有资本以多种方式入股非国有企业。

“（十八）鼓励国有资本以多种方式入股非国有企业。充分发挥国有资本投资、运营公司的资本运作平台作用，通过市场化方式，以公共服务、高新技术、生态环保、战略性产业为重点领域，对发展潜力大、成长性强的非国有企业进行股权投资。”

三、《关于改革和完善国有资产管理体制的若干意见》——进一步明确国有资本投资公司与国有资产监管机构及所出资企业三者的关系

2015 年 10 月 25 日，国务院发布《关于改革和完善国有资产管理体制的若干意见》（国发〔2015〕63 号），进一步明确了国有资产监管机构与国有资本投资、运营公司的关系及国有资本投资、运营公司与所

出资企业的关系。详细规定了国有资本投资公司的相关运行规则。主要内容如下：①

（1）改组组建国有资本投资公司的具体路径。

“（七）改组组建国有资本投资、运营公司。……选择具备一定条件的国有独资企业集团改组设立，以服务国家战略、提升产业竞争力为主要目标，在关系国家安全、国民经济命脉的重要行业和关键领域，通过开展投资融资、产业培育和资本整合等，推动产业集聚和转型升级，优化国有资本布局结构。”②

（2）明确国有资产监管机构与国有资本投资公司的关系。

“（八）明确国有资产监管机构与国有资本投资、运营公司关系。政府授权国有资产监管机构依法对国有资本投资、运营公司履行出资人职责。国有资产监管机构按照‘一企一策’原则，明确对国有资本投资、运营公司授权的内容、范围和方式，依法落实国有资本投资、运营公司董事会职权。”

（3）界定国有资本投资公司与所出资企业关系。

“（九）界定国有资本投资、运营公司与所出资企业关系。国有资本投资、运营公司依据《公司法》等相关法律法规，对所出资企业依法行使股东权利，以出资额为限承担有限责任。以财务性持股为主，建立财务管控模式，重点关注国有资本流动和增值状况；或以对战略性核心业务控股为主，建立以战略目标和财务效益为主的管控模式，重点关注所出资企业执行公司战略和资本回报状况。”

（4）建立国有资本布局和结构调整机制。

“（十一）建立国有资本布局和结构调整机制。……国有资产监管机构根据政府宏观政策和有关管理要求，建立健全国有资本进退机制，

① 孙明华，王继勇，董雷，秦海霞．改革新节点[J]．国企管理，2019(15).

② 重磅国企改革配套文件发布 改革国有资本授权经营体制[C]//2015 年国际货币金融每日综述选编，2015.

制定国有资本投资负面清单，推动国有资本更多投向关系国家安全、国民经济命脉和国计民生的重要行业和关键领域。”

（5）推进国有资本优化重组。

“（十二）推进国有资本优化重组。坚持以市场为导向、以企业为主体，有进有退、有所为有所不为，优化国有资本布局结构，提高国有资本流动性，增强国有经济整体功能和提升效率。按照国有资本布局结构调整要求，加快推动国有资本向重要行业、关键领域、重点基础设施集中，向前瞻性战略性产业集中，向产业链关键环节和价值链高端领域集中，向具有核心竞争力的优势企业集中。清理退出一批、重组整合一批、创新发展一批国有企业，建立健全优胜劣汰市场化退出机制，加快淘汰落后产能和化解过剩产能，处置低效无效资产。推动国有企业加快技术创新、管理创新和商业模式创新。推进国有资本控股经营的自然垄断行业改革，根据不同行业特点放开竞争性业务，实现国有资本和社会资本更好融合。”

（6）建立健全国有资本收益管理制度。

“（十三）建立健全国有资本收益管理制度。……在改组组建国有资本投资、运营公司以及实施国有企业重组过程中，国家根据需要将部分国有股权划转社会保障基金管理机构持有，分红和转让收益用于弥补养老等社会保障资金缺口。”

（7）稳步推进经营性国有资产集中统一监管。

“（十八）稳步推进经营性国有资产集中统一监管。按照依法依规、分类推进、规范程序、市场运作的原则，以管资本为主，稳步将党政机关、事业单位所属企业的国有资本纳入经营性国有资产集中统一监管体系，具备条件的进入国有资本投资、运营公司。”

四、国务院国资委《以管资本为主推进职能转变方案》——确定了国有资本运作的具体模式

2017 年 5 月 10 日，国务院国资委发布《国务院办公厅关于转发国务院国资委以管资本为主推进职能转变方案的通知》（国办发〔2017〕38 号），该方案从“突出国有资本运营”层面，明确了由国务院国资委牵头改组组建国有资本投资公司，实施资本运作。确定了国有资本运作的具体模式，主要内容如下：[①②]

（1）突出国有资本运营。围绕服务国家战略目标和优化国有资本布局结构，推动国有资本优化配置，提升国有资本运营效率和回报水平。

（2）牵头改组组建国有资本投资、运营公司，实施资本运作，采取市场化方式推动设立国有企业结构调整基金、国有资本风险投资基金、中央企业创新发展投资引导基金等相关投资基金。建立健全国有资本运作机制，组织、指导和监督国有资本运作平台开展资本运营，鼓励国有企业追求长远收益，推动国有资本向关系国家安全、国民经济命脉和国计民生的重要行业和关键领域、重点基础设施集中，向前瞻性战略性产业集中，向具有核心竞争力的优势企业集中。

五、《国务院关于落实〈政府工作报告〉重点工作部门分工的意见》——推动国有资本做强做优做大

2018 年 4 月 12 日，国务院印发《国务院关于落实〈政府工作报告〉重点工作部门分工的意见》（国发〔2018〕9 号）深化国有资本投资、运营公司等改革试点，赋予更多自主权。继续推进国有企业优化重组和央企股份制改革，加快形成有效制衡的法人治理结构和灵活高效的市场化经营机

① 王为民．会诊“三项制度”改革——“三项制度”改革突围[J]．国家电网，2018(10)：14－19.

② 王一农．构建比较科学的国有资本授权经营体制下工资总额监管体系[J]．国有资产管理，2019(4)．

制，持续瘦身健体，提升主业核心竞争力，推动国有资本做强做优做大。

六、国务院《关于推进国有资本投资、运营公司改革试点的实施意见》——对国有资本投资公司运作进行全面系统的制度安排

2018年7月30日，国务院发布《关于推进国有资本投资、运营公司改革试点的实施意见》（国家〔2018〕23号），这是迄今为止对国有资本投资公司规定的最为详细、最具操作意义的政策性文件，从指导思想、试点目标、基本原则，以及功能定位、组建方式、授权机制、治理结构运行模式、监督与约束机制等方面进行了全面、系统的制度安排。

（1）首次系统地对组建国有资本投资、运营公司改革试点中涉及的功能定位、组建方式、授权机制、治理结构、平台运行模式以及相关配套政策做了顶层设计说明。

（2）推进对国有资本投资、运营公司的放权，包括将国有产权流转等决策事项的审批权、经营班子业绩考核和薪酬管理权等授予国有资本投资、运营公司。

（3）深入探索实践。自2013年党的十八届三中全会至2018年底，中央企业和地方国有企业分别开展了10家和122家国有资本投资、运营公司试点，在试体制、试机制、试模式等方面做了大量探索实践，在授权放权、组织架构、运营模式、经营机制、党的建设等方面取得了积极成效。截至2019年底，国有资本投资、运营公司试点在中央企业已经扩大到21家，其中19家是国有资本投资公司的试点，2家是国有资本运营公司的试点。因此，无论是中央企业还是地方企业，国有资本的投资运作都已经积累了丰富的经验，为其他企业试行国有资本授权经营体制改革奠定了坚实基础。①

① 国资委：国有资本投资运营公司试点在央企已扩大到21家[J]. 中国建材资讯，2018(6).

七、国务院《改革国有资本授权经营体制方案》

2019年4月28日，国务院印发《改革国有资本授权经营体制方案》（国发〔2019〕9号）。授权放权主体除了国有资本投资、运营公司，还扩至其他商业类企业（含产业集团）、公益类企业，并明确了其他相关重大事项。

第三节　国有资本投资公司的组建

一、政策依据

（1）2015年11月4日，国务院发布《关于改革和完善国有资产管理体制的若干意见》（国发〔2015〕63号），第一次对“改组组建”的具体方式进行了明确：组建，主要通过划拨现有商业类国有企业的国有股权，以及国有资本经营预算注资；改组，选择具备一定条件的国有独资企业集团改组设立。①

（2）2018年7月30日，国务院发布《关于推进国有资本投资、运营公司改革试点的实施意见》（国发〔2018〕23号），第一次对国有资本投资、运营公司及其设立路径进行了规范性界定。②

二、组建的原则

1. 承担部署大战略、控制重要行业关键领域的任务

根据国发〔2018〕23号文的规定，国有资本投资公司以战略性核心业务控股的方式参与国家重要行业和关键领域，引导产业结构调整和

---

① 重磅国企改革配套文件发布 改革国有资本授权经营体制[C]//2015年国际货币金融每日综述选编，2015.

② 熊图．国有资本投资公司试点改革创新的分析[J]．科技与创新，2019，124(4)：104－105.

转型升级，提升国有资本控制力、影响力；国有资本投资公司的主要任务是部署大战略、控制重要行业关键领域。

2. 搭建资本运作平台，促进国资流动，优化资源配置

组建国有资本投资公司，在国务院国资委和国有产业公司之间搭建资本运作平台，完成国务院国资委向国有资本投资公司放权；以产权为纽带投资或控股国有产业公司，推动国有产业公司专注于产业发展创新；通过资本运作促进国资流动，优化资源配置，提高国资运行效率，实现国有资本运营的专业化。

3. 坚持长期发展，创造长远价值的投资理念

组建国有资本投资公司，坚持长期投资和战略性布局，创造长远价值的投资理念；建立权责分明的治理架构，以专业化的水平实现以管资本为主的格局。

三、组建的方式

依据上述政策，国有资本投资公司可采取改组（重组）和新设两种方式设立。

1. 改组（重组）

改组即重组，是指依托现有条件成熟的国有企业集团，通过资产重组和少量国有资本增量注入组建国有资本投资公司。

国有资本投资公司以对战略性核心业务控股为主，建立以战略目标和财务效益为主的管控模式，重点关注所出资企业执行公司战略和资本回报状况。因此，国有资本投资公司往往以一个或几个产业为依托，通过国有资本的进或退引导产业结构调整并支持产业升级，把国有资本保值增值与产业竞争力提高结合起来。依据国有资本投资公司的运营特点，以及与国有资本运营公司的功能界定，通常采用重组方式组建国有资本投资公司。

鉴于中央企业不仅分布在国民经济的若干大产业，而且往往都处于各

产业的顶端或上游，因此，中央企业层面的国有资本投资公司组建更加重视产业属性和产业升级的导向。在改革试点实践中，在中央企业层面重组设立多少家国有资本投资公司、哪些中央企业集团可以重组为国有资本投资公司，需要反复论证才能确定。

2. 吸收改组与直接改组

改组设立又可分为“吸收改组”和“直接改组”两种方式。①

吸收改组是指选择一家龙头企业为主体，吸收和整合其他一家或若干家企业，组建国有资本投资公司。选定的国有企业需要有一定的资产规模，还要具有业绩较好、市场化程度较高、团队的资本投资运营丰富等特点，吸收组建的方式适用于企业之间有较强的产业互补和协同效应的情况。

直接改组是指选择产业投资运营经验丰富、市场化程度较高的国有企业直接改组为国有资本投资公司。根据国有资本投资公司的具体定位和发展需要，通过无偿划转或市场化方式重组整合相关国有资本。

改组设立中划入国有资本投资公司的资产，为现有企业整体股权（资产）或部分股权。股权划入后，按现行政策加快剥离国有企业办社会职能和解决历史遗留问题，采取市场化方式处置不良资产和业务等，在一定程度上为市场化债转股和去杠杆提供了有效途径。

第四节　国有资本投资公司资本运营的前提条件

一、政策前提

（1）中共十八届三中全会《关于全面深化改革若干重大问题的决定》明确规定了“资本为纽带、产权为基础”，并“以管资本为主加强国有资产监管”，这也是政资分开、政企分开、所有权与经营权分离的必然要求和体

① 国有资本授权 经营体制改革成为国企改革新的突破口[J]. 中国总会计师，2019(1).

现。新一轮国有企业改革要求，从原来的以“管资产”和“管企业”为主转变为以“管资本”为主，从而催生了国有资本投资公司。

（2）《关于进一步完善国有企业法人治理结构的指导意见》明确了国有资本投资公司资本运营的五个方面。

国务院办公厅2017年4月24日发布的《关于进一步完善国有企业法人治理结构的指导意见》从“管资本”最初的四个方面，即管好国有资本布局、规范国有资本运作、提高国有资本回报和维护国有资本安全，到进一步“规范主体权责”，增加“强化资本约束”五个方面。提出了规范权责对等的法人治理体系，指出从上述五个方面建立国有投资管理体系，是国有资本投资公司功能定位的需要。

（3）国务院发布的国发〔2018〕23号文确定了全面系统的制度架构。

国发〔2018〕23号文对国有资本监管主体、国有资本运营主体、国有资本经营主体等之间的关系界定，运营和监督机制等进行了全面的体系安排，为国有资本投资公司的资本运营在制度架构上提供了政策指引。

二、国有资本投资公司在资本运营中的角色

1. 角色定位的逻辑

（1）功能定位。

国有资本投资公司的功能定位，决定国有资本投资公司更具备战略投资者、行业投资者的角色特征。

（2）授权机制。

国发〔2018〕23号文规定，按照国有资产监管机构授予出资人职责和政府直接授予出资人职责两种模式，开展国有资本投资公司试点工作。

在国有资产监管机构授权模式下，政府授权国有资产监管机构依法对国有资本投资公司履行出资人职责；国有资产监管机构根据试点公司的具体定位和实际情况，按照“一企一策”原则，授权其履行出资人职责，制定监管清单和责任清单，明确监管内容和方式，依法落实董事

会职权。

在政府直接授权模式下，国有资本投资公司对授权范围内的国有资本履行出资人职责，公司根据授权自主开展国有资本运作，贯彻落实国家战略和政策目标。

2. 在资本运营中的角色

（1）履行国有资本出资人职责的角色。

基于授权机制，国有资本投资公司对授权范围内的国有资本履行出资人职责。

（2）国有资本投资公司对所出资的企业行使监管职责。

按照改革要求，国资监管机构回归出资人角色，这意味着对其他非直接出资企业就无出资人职责，而应由国有资本投资公司对所出资企业行使监管职责。因此，在国资监管机构职能转变中，国有资本投资公司是其部分职能的转接者。

（3）国有资本的运营载体和中间枢纽。

国有资本投资公司作为国有资本市场化运作的专业平台，不仅是国有资本的运营载体，也是国资监管机构与国有出资企业之间的中间枢纽。因此，国资监管机构作为出资人，通过国有资本投资公司这个载体实现从“管企业（资产）”到“管资本”的转变。

（4）承担提高国有资本配置和运营效率的职责。

国发〔2018〕23号文一方面要求“发挥国有资本投资、运营公司的作用，清理退出一批、重组整合一批、创新发展一批国有企业”，通过国有资本投资公司利用并购重组、资本市场等各种途径优化国有资本布局结构，增强国有经济整体功能和效率；另一方面要求将党政机关、事业单位所属企业的国有资本纳入经营性国有资产集中统一监管体系，具备条件的可进入国有资本投资公司。因此，在国有资本配置和运营中，国有资本投资公司还承担着产业调整与引导、经济优化和配置、资本重组与整合布局等职责。

第五节　国有资本投资公司如何进行资本运营

一、资本运营相关的六个维度

《中共中央 国务院关于深化国有企业改革的指导意见》（中发〔2015〕22号）对国有资本运营做出了顶层设计；同时，近几年国企改革试点实践表明，国有资本运营与下列六个维度相关。

第一个维度，首先组建国有资本投资公司，然后将部分国有企业（含产业集团）的股权置入该公司。

第二个维度，资产负债表综合管理。基于自身的特殊职能，尤其在当下“一带一路”大背景下，中央企业在保障国家资源的同时还要开拓国际市场。因此，在资本运营过程中，一方面，会发生大量的长期投资，短期收益很难覆盖其财务成本；另一方面，大量的创新投资和股权投资布局也无法在短时间内形成合理回报。为此，平衡期限错配，做好资产负债表综合管理是资本运营中的重要一环。

第三个维度，国务院国资委设立的基金系，旨在打造国有资本投资运营公司，在服务国家战略，优化国有资本布局结构，推动国有资本优化配置方面，为中央企业打造了一个完整的创新发展的支持系统。改革试点实践中，成熟的基金系有国有企业结构调整基金、国有资本风险投资基金、中央企业创新发展基金系，正在成立或设立中的基金有并购基金和海外（国际化）基金系等。

第四个维度，打造服务于国企的证券化投行生态系统与资本结构管理。该生态系统包括投资数据库、市值管理研究，组织大量中介、专业人士进入服务生态系统，专注央企风险警示和最佳管理实践研究，通过投资监管与正确绩效评价，引导价值投资，制衡做空与投机，维系市值与长期价值增长。同时做好资本的结构化管理，包括对已经形成一定结构和比例的国企母公司的静态资本结构——社保股、国资股、财政股、战投股和人力资本股的管理，以及对正在推进的混合所有制（包括资产证券化）过程的动态结构管理。

第五个维度，坚持战略性投资和产业控制目标一致。产融结合的运作方式是对冲期限错配的手段之一，目的是完成国资布局与结构调整的使命，从而解决第二个维度“平衡期限错配”的问题。

第六个维度，资本收益评价。在产融结合、市值管理、基金化运作的大背景下，做好资本收益评价，有利于防范基金的风险，以及避免基金风险放大，这是对第三个维度——国资委设立的基金系的辅助支持，并起到风险预警的作用。

二、资本运营管理的六个方面和两大问题

2018 年国发〔2018〕23 号文，对国有资本投资公司的治理结构及运行模式做出了相关规定。根据规定，国有资本投资公司的资本运营管理主要由“组织架构、选人用人、履行职责、财务监督、收益管理、考核机制”六个方面组成，通过以资本为纽带的投资与被投资关系，协调和引导所持股企业的发展，从而实现国有资本投资公司的目标。国有资本投资公司在上述六个方面的资本运营管理中，有如下不可回避的两大问题。

1. 运营管理的边界

国有资本投资公司在资本运营管理中，需明确与国资委、产业集团及其他国企的关系，协调各方在资本运营中的角色，处理好边界问题，才能更好地发挥资本运营管理作用。

具体而言，国资委的角色是牵头和管理结构设计和运作，负责国资监管，包括管资本、管风险、管调整资本布局的结构设计及运作；国有资本投资公司的角色是负责资本运营，包括股权运作、资产运作、产业整合与竞争力打造；产业集团的角色，与国有资本投资公司类似，但不包括股权运作，主要负责集团内部资本运作、资产运作和产业整合与竞争力打造；其他国有企业的角色，主要是负责资本运作、资产运作和产品与服务运作。

2. 专业平台的打造

自2013年党的十八届三中全会以来，国有资本投资公司组建试点工作的实践表明，作为国资监管机构资本运作的抓手，国有资本投资公司主要落脚于产业布局，通过对直属的相关产业类子公司的资本运作打通产融结合，引领和带动相关产业的社会资本和企业进行该产业范畴的创新升级、并购整合与国际化竞争。

在国企改革试点实践中，国有资本投资公司的平台打造，主要聚焦六个方面，包括国企改革与重组平台、资产管理平台、重大项目平台、海外并购平台、国有资本流动平台和金控与产融平台。其中金控与产融平台主要有金控公司、产业基金平台、金控公司+产业基金、分散型金融板块等模式。

金控公司+产业基金模式，即成立专门的金控公司，同时成立相关产业基金，此模式适合产融结合业务能力很强的企业，例如国投集团、招商局集团。金控公司模式，是成立专门的金控公司，在此公司下进行相关的投融资业务，这种模式适合产融结合能力较强的企业，例如中交集团、宝武钢。而分散型金融板块模式，则是基于原有的金融业务进行平台搭建，这种模式适合具有一定的产融结合能力的企业，例如中粮集团、五矿集团、保利集团。①

第六节　国有资本投资公司资本运营的重要事项

根据国发〔2019〕9号文，国有资本投资公司资本运营包括战略规划和主业管理、选人用人和股权激励、工资总额和重大财务事项管理等，涉及组织架构、选人用人、履行职责、财务监督、收益管理、考核

① 周丽莎，支东升，刘乌兰，等．国有资本投资公司模式研究[C]．中国企业改革发展优秀成果2018（第二届）上卷，2018.

机制等六个方面，产权交易和财务事项是资本运营的核心关键事项，国发〔2019〕9号文和《企业国有资产交易监督管理办法》对此进行了明确规定。

一、产权交易事项

国发〔2019〕9号文第三条之（一）项规定，国有资本投资公司围绕主业开展的商业模式创新业务可视同主业投资。国有资本投资公司有权自行依法依规审核国有资本投资公司之间的非上市公司产权无偿划转、非公开协议转让、非公开协议增资、产权置换等事项。

根据现行的产权交易规则，对上述事项分别按照以下法律法规的要求进行交易并履行相应的监管审批手续。对于非上市公司产权无偿划转的，根据《企业国有产权无偿划转管理暂行办法》第十二、第十三和第十四条规定，企业国有产权在所出资企业之间无偿划转的，应经国资监管机构批准。对于非上市公司产权非公开协议转让的，根据《企业国有资产交易监督管理办法》第三十一条之（一）（二）项的规定，涉及主业处于关系国家安全、国民经济命脉的重要行业和关键领域企业的重组整合，对受让方有特殊要求，企业产权需要在国有及国有控股企业之间采取非公开协议转让方式转让的，应经国资监管机构批准。对于非上市公司非公开协议增资的，根据《企业国有资产交易监督管理办法》第四十五条之（一）（二）项的规定，特定情形的非公开协议增资须经国资监管机构批准。[①]

二、重大财务事项管理

国发〔2019〕9号文规定，国有资本投资公司自主决策重大担保管理、债务风险管控和部分债券类融资事项。该类事项主要属于企业日常

① 龚维. PPP 项目股权转让设置避免一刀切[J]. 中国投资,2018,489(23):88－89.

生产经营层面的内容，时效性要求较高，应由企业自行决策，提高议事效率。

第七节　国有资本投资公司资本运作的监督体系

国资监管不仅包括运营管理，同时强调监督管理，甚至更侧重“监督”管理，我国第一个国资监管行政法规，2003 年 5 月 27 日国务院发布的第 378 号令《企业国有资产监督管理暂行条例》是最好的证明。

国发〔2019〕9 号文对统筹协同各类监督力量、健全国有企业违规经营投资责任追究制度等方面也进行了全面规定，构成了完整的监督体系。“加强国有企业内部监督、出资人监督和审计、纪检监察、巡视监督以及社会监督，结合中央企业纪检监察机构派驻改革的要求，依照有关规定清晰界定各类监督主体的监督职责，有效整合企业内外部监督资源，增强监督工作合力，形成监督工作闭环，加快建立全面覆盖、分工明确、协同配合、制约有力的国有资产监督体系，切实增强监督有效性。”

一、监督机制

1. 内部监督

国发〔2019〕9 号文规定：“不断强化风险防控体系和内控机制建设，完善内部监督体系，有效发挥企业职工代表大会和内部审计、巡视、纪检监察等部门的监督作用。”

国有资本投资公司资本运作的内部监督体系主要包括董事会对经理层的监督、内设监事会的监督、企业党组织监督、职工民主监督，内部审计、企业纪检监察和巡视、法务财务等职能部门的监督等，以及一级企业对各级子企业的纵向监督，对各业务板块的专业监督等。

2. 外部监督

外部监督主要包括政府监督、出资人监督、外派监事会监督、上级纪检监察和巡视监督。

3. 社会监督

国发〔2019〕9 号文提出：“出资人代表机构要加快优化监管流程、创新监管手段，充分运用信息技术，整合包括产权、投资和财务等在内的信息系统，搭建连通出资人代表机构与企业的网络平台，实现监管信息系统全覆盖和实时在线监管。建立模块化、专业化的信息采集、分析和报告机制，加强信息共享，增强监管的针对性和及时性。”

可见，社会监督主要通过信息公开机制以及舆论监督等途径进行。通过建立完善的国资监管信息化工作平台，增强国资监管的针对性、及时性和有效性。

二、责任追究保障机制

国有资本投资公司的监督制度和机制具备完整的政策法规基础，责任追究保障机制包括如下内容。

1. 坚持和加强党的领导

自 2017 年国务院国资委、财政部要求将党建工作总体要求纳入公司章程以来，国有企业甚至非国有企业均已将党建工作写入公司章程，在国有企业的公司治理中，已融入党委（党组）的环节。对于国有资本投资公司的保障机制的建立，坚持和加强党的领导是不可或缺的政治保障。

国发〔2019〕9 号文在第六部分对坚持和加强党的全面领导特别做出了规定，明确要求将坚持和加强党的全面领导贯穿改革的全过程和各方面，在思想上政治上行动上同党中央保持高度一致，为改革提供坚强有力的政治保证，进一步体现了党委（党组）的政治核心和领导核心作用。组建国有资本投资公司是国有企业改革试点的手段之一，因此上述规定完全适用于国有资本投资公司的资本运营。

2. 依法履行相关法律程序

国有资本投资公司在资本运营过程中，除了履行相关法律程序外，尤其应严格遵守《企业国有资产法》《企业国有资产评估管理暂行办法》和《企业国有资产交易监督管理办法》等国资监管规定，做到程序合法合规。

3. 落实违规经营投资责任追究制度

在改革国有资本授权经营体制过程中，相关企业承担的维护国有资产安全、防止国有资产流失的责任仍保持不变，表明国务院政策也在不断强化责任追究制度的建立。

2016 年 8 月，国务院办公厅印发《国务院办公厅关于建立国有企业违规经营投资责任追究制度的意见》，建立了国有企业违规经营投资责任追究制度。2018 年 7 月，国务院国资委下发《中央企业违规经营投资责任追究实施办法（试行）》，进一步加强和规范中央企业违规经营投资责任追究工作。国发〔2019〕9 号文继续强调将严格执行国有企业违规经营投资责任追究制度、实行重大决策终身责任追究制度。[①]

除了上述政策文件的原则性规定，2016 年 8 月 23 日，国务院办公厅发布《国务院办公厅关于建立国有企业违规经营投资责任追究制度的意见》（国办发〔2016〕63 号），针对九个具体责任追究范围的多种情形规定了责任追究流程，设计了科学规范的责任追究体系，将责任主体分为直接责任、主管责任、领导责任，将责任形式分为组织处理、扣减薪酬、禁入限制、纪律处分、移送司法机关处理五种类型，并规定了损失认定的具体标准。

在健全国有企业违规经营投资责任追究制度方面，明确企业作为维

---

① 陈赟．守正创新 国企参与上市公司并购重组［J］．国有资产管理，2019(7)．

护国有资产安全、防止国有资产流失的责任主体，健全内部管理制度，严格执行国有企业违规经营投资责任追究制度。在责任追究工作的组织实施方面规定了详细的程序，提出建立健全分级分层、有效衔接、上下贯通的责任追究工作体系，严格界定违规经营投资责任，严肃追究问责，实行重大决策终身责任追究制度。

第七章

国有资本投资公司的治理

第一节　国有资本投资公司公司治理存在的问题

目前，国有资本投资公司几乎都是在原大型实业集团的基础上转型而来，具有传统的国有企业特点，在公司治理层面，主要存在五大问题。

一、内部程序大于法定程序

随着我国国有经济的快速发展，国有企业股权结构、组织架构、经营范围、企业层级等日益复杂，大型企业集团纷纷开展了优化集团管控工作。从总体上看，集团公司对所持股企业管控程度趋向集权，以战略运营型管控为主，管控宽度和管控深度逐步强化。由于受长期行政管理方式的影响，在对下属企业行使管理权时，依照《公司法》实施规范的公司治理从理念到方式，均存在较大差距，主要体现在内部程序很大程度上替代了法定程序，法定程序更多沦为走形式，严重影响了所持股企业的内部机制运转，不利于下属企业作为市场化经营主体作用的发挥。

从大型实业集团转化而来的国有资本投资公司，基本沿袭原有企业的做法，只是在局部领域和少数环节做一些探索和尝试。

当前国有资本投资公司的常见决策流程如图 7 - 1 所示。

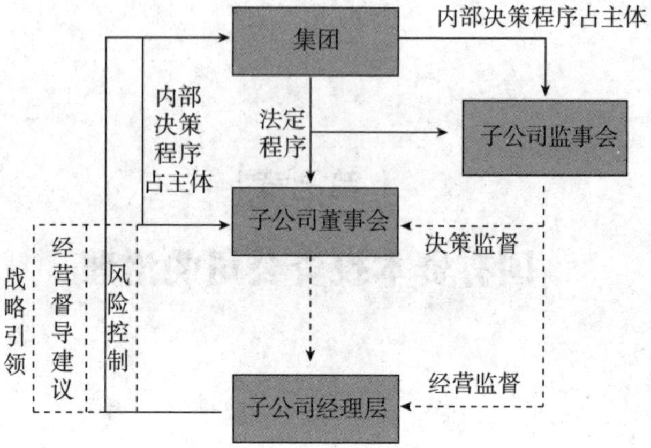

图 7-1　当前国有资本投资公司的常见决策流程

二、党组织作用与现代企业制度融合尚需进一步完善

习近平总书记在全国国有企业党的建设工作会议上强调，坚持党对国有企业的领导是重大政治原则，必须一以贯之；建立现代企业制度是国有企业改革的方向，也必须一以贯之。“两个一以贯之”成为建设中国特色的国有企业管理制度，尤其是中国特色公司治理制度的核心内容，为此，国务院国资委等机构出台了多项政策，但从实际来看，“两个一以贯之”在“深度融合”和“无缝衔接”上尚需进一步完善，主要表现在：党组织与董事会、经营层责权界定不清晰，“三重一大”的范围泛化，存在凡是上董事会的事项必上党委会，造成党委会超负荷运行而董事会“空转”的现象时有发生，既不利于党组织“两个核心”作用的发挥和“把方向、管大局、保落实”的定位，也影响了董事会中长期规划权、经营层成员的选聘权、业绩考核和薪酬分配权以及经营层经营自主权的发挥，造成程序重复、决策效率低。①

① 曾祥展．国有资本运营公司党委与其他治理主体之间的关系研究[C]．中国企业改革发展优秀成果 2018（第二届）下卷，2018.

三、董事会主体作用发挥不充分

目前，国有资本投资公司本部的董事会建设相对完善，但大部分二级企业只是初步建立了董事会，由于受到上级内部管控程序和党组织的替代等因素的影响，董事会的法定职权未能充分发挥，同时董事会成员缺乏专业能力素质、薪酬激励不强、绩效考核不完善，造成董事的履职能力和履职意愿不强，客观上影响了二级企业董事会主体作用发挥。总体来看，国有资本投资公司的董事会建设仍处于第一阶段，即选择正确的人阶段，未来需要向高效、科学、成功的阶段推进。

当前国有企业董事会所处发展阶段及特征如图 7－2 所示。

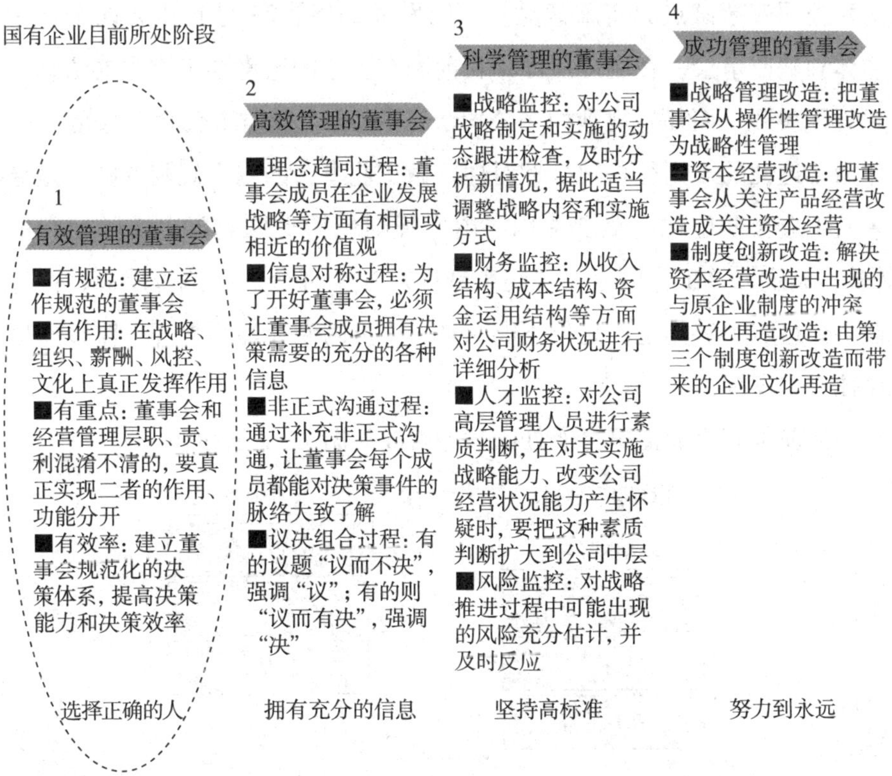

图 7－2　当前国有企业董事会所处发展阶段及特征

四、监事会监督作用未有效发挥

从我国国有企业监事会实际作用来看，目前主要以基本监督为主（包括对财务进行监督，对重大经营管理事项的合法合规性进行监督），大部分为事后监督，缺乏专业监督（包括对业务发展的综合性评估、对董事会和经理层作用的有效性监督、对重大经营管理事项的过程性监督），监督作用未有效发挥。

从政策、制度、执行三个层面看，国有资本投资公司的监事会建设仍然存在一些问题。在政策层面，由于多个监督主体同时对国有企业展开监督，产生了彼此协调的问题，在《国务院关于推进国有资本投资、运营公司改革试点的实施意见》（国发〔2018〕23 号）中，四个治理主体独缺监事会。在制度层面，目前国有企业的监事会工作主要依据外生规则展开，而外生规则如《公司法》《国有企业监事会暂行条例》等作为普遍性的规则往往缺少针对性，做实监事会的内生规则的缺失是导致监事会长期虚化的重要原因。内生规则包括支撑监事会实际运行的《基本制度》《工作制度》《约束制度》三个部分。在执行层面，由于监事会组织不够健全，定位不够明确，人员的专业性不强等，监督作用往往难以发挥。

当前国有企业监事会所处的发展阶段如图 7－3 所示。

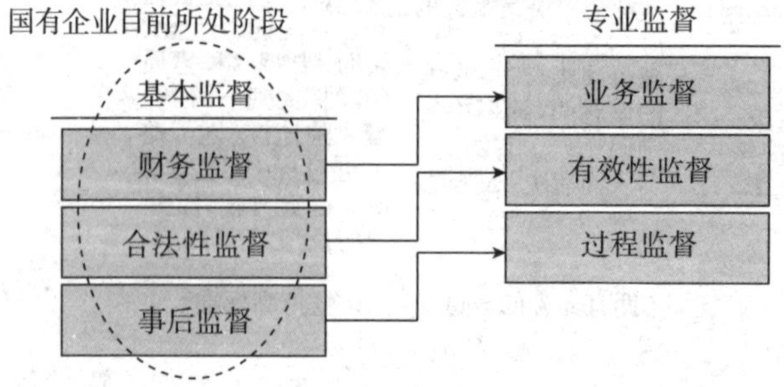

图 7－3　当前国有企业监事会所处的发展阶段

五、经理层执行主体落实不到位

目前来看，大部分国有资本投资公司经理层受到董事会和董事长越级指挥、权力上收等因素的影响，经理层的日常决策权、中层人员任免权等权力未能有效行使，严重影响了经理层的积极性和主动性。

第二节　政策对国有资本投资公司的要求

自2015年以来，国家陆续出台了《关于深化国有企业改革的指导意见》《国务院办公厅关于进一步完善国有企业法人治理结构的指导意见》《国企改革“双百行动”工作方案》《国务院关于推进国有资本投资、运营公司改革试点的实施意见》《改革国有资本授权经营体制方案》等政策，对国有资本投资公司的法人治理架构提出了具体要求，为国有资本投资公司的法人治理建设提供了政策指导，主要包括如下四个层面。

一、建立国有资本投资公司的所有权与经营权两权分离的现代企业制度

国有资本投资公司具有双重身份，在国资委和持股企业之间转换。相对于国资委来说，国有资本投资公司是经营权代表，即董事会，主要任务包括推进投资融资、产业培育和资本运作、股权运作、基金投资、培育孵化、价值管理、有序进退等；相对于所持股企业来说，国有资本投资公司是所有权代表，即股东，重点任务包括服务国家战略、优化国有资本布局、提升产业竞争力、提升国有资本运营效率、提高国有资本回报等，实现国有资本投资公司与国资委、所持股企业的所有权与经营权的分离，明确国有资本投资公司的整体功能定位。

二、建立领导权、经营决策权与经营管理权、监督权四权分离的科学规范治理架构

党组织行使领导权，强化在国有资本投资公司的法人地位，重大经营管理事项须事先通过党组织，事项前置决策，把握企业发展大局；董事会行使经营决策权，明确董事会的法定决策地位，以重大事项决策为主；经理层行使经营管理权，巩固执行主体地位，主要以日常经营管理为主；监事会行使监督权，强化监事会监督作用，主要以日常经营监督为主。

三、建立分级分类授权机制

国有资本投资公司将以“战略 + 财务”等核心事项管控为主，其他事项将通过建立授权机制逐步放权，实现内部程序和法人程序的统一。

四、优化集团管控

国有资本投资公司建立以战略目标和财务效益为主的管控模式，对战略型核心业务要重点加强管控，国有资本运营公司以财务性持股为主，建立财务管控模式。对下属业务进行分权授权。

因此，国有资本投资公司需要培育四大能力，以充分发挥其功能定位。一是培育加强具体项目的投融管退能力。国有资本投资公司的经营目标是实现国有资本保值增值，建立高效卓越的具体项目投融管退能力是国有资本投资公司开展日常经营活动的基础。二是建设筹融资和产融结合发展能力。国有资本投资公司在公司内部建立产融结合发展机制，实现金融资源在公司内部的优化配置，有利于产业板块降低融资成本、金融板块降低业务风险，实现全公司业务的共同发展。三是建立企业全面风险管控能力。风险管控能力是现代企业健康发展必备的核心能力，国有资本投资公司建立全面风险管控能力是保障企业完成经营目标、实现国有资产保值增值的

基础。四是建立健全企业国际化发展能力。党中央、国务院高度重视企业“走出去”，提出“一带一路”“产能合作”等重大战略，国有资本投资公司要响应中央号召、顺应时代发展潮流，积极开拓海外市场，推动国内优势产能向海外转移，在全球范围实现资本优化配置。

国有资本投资公司完善法人治理结构相关政策见表7－1。

表7－1 国有资本投资公司完善法人治理结构相关政策

政策名称	具体内容
公司法	• 有限责任公司设董事会，其成员为3～13人 • 股东人数较少或者规模较小的有限责任公司，可以设1名执行董事，不设董事会。执行董事可以兼任公司经理 • 有限责任公司设监事会，其成员不得少于3人。股东人数较少或者规模较小的有限责任公司，可以设1～2名监事，不设监事会 • 国有独资公司监事会成员不得少于5人，其中职工代表的比例不得低于1/3 • 董事会应当对所议事项的决定作成会议记录，出席会议的董事应当在会议记录上签名 • 董事会责权包括执行股东决议、重大事项决策权、重要人事任免权、大额资金审批权、重大投资决策权、重要改革改制权等
关于深化国有企业改革的指导意见	• 推进公司制股份制改革，积极引入各类投资者实现股权多元化，大力推动国有企业改制上市，创造条件实现集团公司整体上市 • 健全公司法人治理结构，重点是推进董事会建设，建立健全权责对等、运转协调、有效制衡的决策执行监督机制，规范董事长、总经理行权行为，充分发挥董事会的决策作用、监事会的监督作用、经理层的经营管理作用、党组织的政治核心作用
国务院办公厅关于进一步完善国有企业法人治理结构的指导意见	• 股东会是公司的权力机构。审核批准董事会、监事会年度工作报告，批准公司财务预决算、利润分配方案等方式，对董事会、监事会以及董事、监事的履职情况进行评价和监督 • 董事会是公司的决策机构，认真履行决策把关、内部管理、防范风险、深化改革等职责。国有独资公司要依法落实和维护董事会行使重大决策、选人用人、薪酬分配等权利，增强董事会的独立性和权威性，落实董事会年度工作报告制度 • 监事会是公司的监督机构，依照有关法律法规和公司章程设立，对董事会、经理层成员的职务行为进行监督。要提高专职监事比例，增强监事会的独立性和权威性 • 坚持党的领导、加强党的建设是国有企业的独特优势。要明确党组织在国有企业法人治理结构中的法定地位，明确党组织在企业决策、执行、监督各环节的权责和工作方式

续表

政策名称	具体内容
国企改革“双百行动”工作方案	• 健全法人治理结构方面率先突破。重点是真正将董事会对企业中长期发展的决策权、经理层成员选聘权、经理层成员业绩考核和薪酬分配权、职工工资分配权等落实到位，依法制（修）订企业章程，合理配置股东之间以及各治理主体的权利义务等
国务院关于推进国有资本投资、运营公司改革试点的实施意见	• 国有资本投资公司 √功能定位：服务国家战略、优化国有资本布局、提升产业竞争力 √实现路径：开展投资融资、产业培育和资本运作
	• 法人治理架构要求 √党组织：把加强党的领导和完善公司治理统一起来，充分发挥党组织把方向、管大局、保落实的作用。按照“双向进入、交叉任职”的原则，符合条件的党组织领导班子成员可以通过法定程序进入董事会、经理层，董事会、经理层成员中符合条件的党员可以依照有关规定和程序进入党组织领导班子 √董事会：负责公司发展战略和对外投资，经理层选聘、业绩考核、薪酬管理，向所持股企业派出董事等事项。董事会成员原则上不少于9人，由执行董事、外部董事、职工董事组成 √经理层：董事长与总经理原则上不得由同一人担任 • 运行模式 √组织架构。负责战略规划、制度建设、资源配置、资本运营、财务监管、风险管控、绩效评价等事项 √履职行权。国有资本投资、运营公司应积极推动所持股企业建立规范、完善的法人治理结构 √选人用人机制。国有资本投资、运营公司要建立派出董事、监事候选人员库 √财务监管。国有资本投资、运营公司应当严格按照国家有关财务制度规定，加强公司财务管理，防范财务风险 √收益管理。国有资本投资、运营公司以出资人身份，按照有关法律法规和公司章程，对所持股企业的利润分配进行审议表决，及时收取分红，并依规上交国有资本收益和使用管理留存收益 √考核机制。国有资本投资公司建立以战略目标和财务效益为主的管控模式，对所持股企业考核侧重于执行公司战略和资本回报状况。国有资本运营公司建立财务管控模式，对所持股企业考核侧重于国有资本流动和保值增值状况

续表

政策名称	具体内容
改革国有资本授权经营体制方案	•分类开展授权放权要求 √结合企业发展阶段、行业特点、治理能力、管理基础等，一企一策有侧重、分先后地向符合条件的企业开展授权放权 •授权事项 √战略规划和主业管理、选人用人和股权激励、工资总额和重大财务事项管理等，亦可根据企业实际情况增加其他方面授权放权内容 •加强企业行权能力建设 √完善公司治理：党的领导和完善公司治理统一起来，加快形成有效制衡的公司法人治理结构 √优化集团管控：以对战略性核心业务控股为主，建立以战略目标和财务效益为主的管控模式，重点关注所出资企业执行公司战略和资本回报状况。国有资本运营公司以财务性持股为主，建立财务管控模式，重点关注国有资本流动和增值状况

第三节　建立规范有效的法人治理结构的借鉴

一、中广核集团

（1）通过明确管控模式推进分级法人治理架构。一是建立三层架构。集团公司定位为资本投资平台，板块公司为产业发展平台，业务单元为业务运作中心。二是实现三类发展。将集团的业务划分为产业板块、新业务和新项目，三者代表业务或项目所处的不同阶段及发展状态，对处于不同阶段的业务或项目采取不同的管控模式，形成可持续发展的资产组合。三是做实两级管控。集团总部对产业板块以党的领导、战略管控和财务管控为主，核心是管住国有资产保值增值、不流失，不发生重大社会责任事故等“底线红线”；产业板块对业务单元以党的领导、运营管控为主。四是坚持党的领导。在企业改革发展中，始终坚持党组的领导核心作用，坚持科学合理的决策流程，保证重大战略决策的民主性、科学性和高效性。

（2）强化专职董事作用。对于已进行市场化改革并实际运作的成员公司，或者是具有可操作性、将进行市场化改革的成员公司，其董事会原则上由5名董事组成，主要由专职董事长、专职董事担任。建立专职董事制度。从集团内外公开选聘具有优秀职业操守、很强专业能力、丰富管理经验的人员作为专职董事担任成员公司的董事，每位专职董事担任3～4家成员公司的董事（或董事长）。专职董事不在集团公司和成员公司中担任其他任何职务；并且，其薪酬由集团公司承担，不得在任职公司获取任何报酬。

（3）建立分级授权制度。对于进行市场化改革的成员公司，建立股东会对董事会、董事会对经营层的分级授权制度，将原由股东代行的职权归还给董事会，在授权范围内的事项，由成员公司董事会自行决策，不再报集团公司进行议案审议。以市场为导向，通过做实董事会、扩大董事会授权，完善公司治理结构，引导和促进成员公司积极开拓集团外部市场，不断提高竞争能力，加快公司发展。①

二、中国建材②

（1）推行混合所有制。通过推行混合所有制破除董事会任免权限，大量民间资本和社会资本参股中国建材，同时，优秀的股东型管理者被吸纳为董事会成员或选聘为高级管理人员。

（2）党组织与现代企业制度有效融合。积极探索集团党委指导和属地化管理相结合、建立区域联合党组织和“1+N”形式等党组织管理模式，有力地发挥了党建工作对企业改革发展的促进作用和混合所有制企业中党员的先锋模范作用。

（3）落实董事会权力。进一步落实董事会的规划和投资管理权、

---

① 文志涛．专职董事“做实”央企董事会[J]．董事会，2016(6)．

② 本刊讯．中国建材集团成为兼并重组试点和落实董事会职权试点企业[J]．中国建材，2016(8)．

高级管理人员选聘、业绩考核和薪酬管理权、工资总额管理权、重大财务事项管理权等职权，增强董事会的独立性、权威性和有效性，发挥董事会在公司治理中的核心作用。

（4）落实经理层执行管理权责。董事会不干预公司日常事务，执行权百分之百下放经理层，经理层向职业经理人转变，负责公司日常事务。

三、地方国有集团

（1）国资委和该集团权力划分，实现内部程序和法定程序有效融合。一是根据《公司法》确定董事会职权。二是国资委将法定董事会权力归还给该集团，将投资方案、部分资产与产权处置等重大事项决定权归位于董事会。三是国资委将部分权力下放到该集团，将投资计划决定权等股东权力授予董事会行使并规定约束条件。

（2）有效推进四权分离。一是强化党组织的治理地位。该集团认真将党组织作为公司治理的重要组成部分，将加强党的领导和完善公司治理统一起来，明确党组织在法人治理结构中的法定地位，并将相关内容纳入公司章程，增加“党委会”专章，明确党组织直接决策的事项 6 项、参与决策的事项 11 项，更加凸显党组织在重大决策和选人用人上的领导把关作用，并赋予党委会特别权力，明确规定党组织发现董事会、经理层拟决策事项不符合党的路线方针政策和国家法律法规，或可能损害国家、社会公众利益和企业、职工的合法权益时，可以提出撤销或缓议该决策事项等意见建议。二是强化董事会决策主体作用，该集团大力加强董事会建设，通过“内部董事 + 专职外部董事 + 兼职外部董事”的方式优化董事会人员结构，提升董事会的独立性、专业性；成立战略与投资委员会、薪酬与考核委员会、审计与风险控制委员会等专门委员会并建立配套的议事规则，优化董事会的运作机制，协助董事会充分发挥作用。三是明确经理层执行权力。董事会根据《公司法》的规定和国资委的授权，合理划分董事会和经理层的责权界面，并通过公司章程予以固化。同时建立经理层向董事会报告的机制，董事会可以监督检查经理层及其他人员执行董事会决议的情况。四是强化监事会作用，该集团高度重视监事会的治理作用。通过建立一系列管理制度，规范监事会的运行机制。成立纪检监察与审计部门和监事会办公室，打造大监督协调运转机制，形成监督合力。监事会成员根据需要列席总经理办公会、党委会、董事会等相关会议，监督高级管理人员和董事的履职情况，建立履职档案，定期向国资委报告。①②

总体来看，法人治理架构建设重点集中于两大方面：一是合法合规，围绕《公司法》和政策要求，明确各法人治理责权；二是科学高效，通过推进混合所有制、加强内部程序和法定程序融合、实现法人治理主体责权分离，实现法人治理作用的有效发挥。

第四节　建立规范有效的法人治理结构的重点

从现代企业制度核心出发，同时借鉴外部优秀企业实践，可将国有资本投资公司建立规范有效的法人治理结构的重点概括为两个方面：一是以股权多元化或混合所有制和四权分离为重点的治理结构建设，包括股权结构、资本结构、治理机构三大内容；二是以运营有效为重点的内外部治理相融合的治理机制，包括资本市场监管、议事规则、人员管理等。

① 用“5+5”打好基层党建工作“组合拳”[J]. 现代国企研究,2016(17).

② 国务院国资委研究中心课题组. 国有企业混合所有制发展实践研究——以中国建材集团为例[C]. 中国企业改革发展优秀成果(首届)上卷,2017.

一、治理结构

1. 股权结构：股权多元化是建立现代企业制度即规范的法人治理结构的基础

（1）推进国有资本投资公司的体制改革。

一是采用“国有资本 + 国有资本”的股权多元化模式，通过引入战略投资者、建立不同出资主体共同组成的股东（大）会，建立不同利益主体相互约束、相互制衡的法人治理架构；二是实行“国有资本 + 非国有资本”的混合所有制，实现不同所有制形式的相互融合，以非国有资本的机制破除国有资本体制的弊端，建立现代企业制度（见表 7 – 2）。

表 7 – 2　国有资本投资公司不同股权架构优劣势分析

	国有资本 + 国有资本	国有资本 + 非国有资本
优势	政策效应放大 承担社会责任	市场化机制容易建立 内部管理效率提升
弊端	现代企业制度不完善 薪酬绩效、任免等市场化机制不能有效建立	体制间差异较大，融合较慢 企业文化差异较大

（2）建立分级管控模式。

国有资本投资公司建立以战略目标和财务效益为主的管控模式，国有资本投资公司管控重点将逐步聚焦，主要管控内容包括国有产权流转、战略规划、制度建设、资源配置、资本运营、财务监管、风险管控、绩效评价等，其他事项包括经营班子业绩考核、薪酬管理、组织架构调整、日常经营管理等，逐步下放给所持股企业，加强法定程序与内部程序的进一步融合（见表 7 – 3）。

表7-3　国有资本投资公司及其下属单位管控重点

	管控重点	具体事项
国有资本投资公司	管资本	战略规划、派出领导人员和董监事管理、制度建设、资源配置、资本运营、财务监管、风险管控、绩效评价、国有产权流转等决策事项的审批权、经营班子业绩考核和薪酬管理权
国有资本投资公司下属单位	管经营	生产经营决策权、物资采购权、部分投资决策权、留用资金支配权、部分资产处置权、人事管理权、薪酬分配权、内部机构设置权等

（3）明确法人治理结构设置标准。

国有资本投资公司要明确法人治理架构尤其是董事会的设置标准，明确其市场化主体的地位，设立精简高效、依据充分的法人治理架构。各法人治理主体设置标准不同，其中董事会设置标准主要考虑股权结构、政策要求、管控模式等，监事会设置标准主要考虑股权结构、政策要求等（见表7-4）。

表7-4　国有资本投资公司董（监）事会设置标准

<table>
<tr><th></th><th>评估要素</th><th>评估标准</th><th>评估应用</th></tr>
<tr><td rowspan="3">董事会设置标准</td><td>股东数量</td><td>2家及以上可设，反之可不设</td><td rowspan="3">须设判断标准：
满足股东数量、政策要求、业务特点任一要求的，应设；
可设判断标准：
从市场的独立性、业务的复杂性、经营的风险性、子品牌的可塑性四个方面考量</td></tr>
<tr><td>政策要求</td><td>为股份公司（上市公司）的，应设</td></tr>
<tr><td>业务特点</td><td>子公司业务受行业特性影响，具有风险隐患高、资金往来频繁等特点的，应设</td></tr>
<tr><td rowspan="4">监事会设置标准</td><td>股东数量</td><td>2家及以上可设，反之可不设</td><td rowspan="4">须设判断标准：
满足股东数量、政策要求、业务特点任一要求的，应设；
可设判断标准：
不满足前三项要求的其他要素，作为可设条件之一</td></tr>
<tr><td>政策要求</td><td>为股份公司（上市公司）的，应设</td></tr>
<tr><td>董事会设置</td><td>设置董事会的，应设</td></tr>
<tr><td>业务特点</td><td>子公司业务受行业特性影响，具有风险隐患高、资金往来频繁等特点的，应设监事会</td></tr>
</table>

（4）建立分类授权机制。

通过评估各下属单位的战略定位、发展阶段、业务特点等要素，采用股东会向董事会授权、董事会向经理层授权等分级授权制度，通过制定授权手册和管控清单等方式，明确对下属单位的授权事项和层级。其中战略地位高、业务发展成熟、发展较为稳定的，可采取“少授权，多管理”的原则管理；属战略性新兴业务、业务不成熟、发展不稳定的，可采取“多授权，强监管”的原则向下授权，提升下属单位的积极性和效率，同时对下属单位实施有效监管。最终通过内部程序优化，实现与法定程序的进一步统一，激发内部活力，提升所持股企业的积极性，实现提质增效（见表7－5）。

表7－5　国有资本投资公司授权评估

授权维度	评价释义	评价标准
战略定位	该业务或下属单位公司业务板块或业务组合中所处位置或重要程度，可通过收入、利润、净资产等占比确定贡献度	分为高中低三个等级，占比越高，评价标准越高
发展阶段	该业务或下属单位自身发展程度，包括内部管理规范度、管理效率、人均效益等指标确定	分为高中低三个等级，发展越成熟，评价标准越高
业务特点	该业务所属行业竞争环境激烈程度、业务发展平和度等	分为高中低三个等级，行业环境越平和，评价标准越高

国有资本投资公司授权事项如表7－6所示。

表7－6　国有资本投资公司授权事项

	未来可授权事项
国有资本投资公司	战略规划：年度投资计划 选人用人和股权激励：经理层选聘、业绩考核和薪酬管理、职业经理人制度、中长期激励机制等 工资总额和重大财务事项管理：工资总额、债务风险管控和部分债券类融资事项

2. 资本结构：合理的资本结构能够充分发挥法人治理的主体作用

资本结构包括长期债务资本与权益资本在总体中各占比例，体现资本的弹性。资本结构的优劣直接影响到国有资本投资公司治理结构规范运作，主要包括两大方面。

（1）适当引入外部投资者。

当国有资本投资公司中负债比例过高或缺乏某些资源能力时，可适当引入战略投资者，从而适度分散股权结构，并进一步扩大法人治理结构中各股东方代表的组成，这有利于国有资本投资公司建立更科学规范的现代企业制度，并降低负债水平，提升核心竞争力，推动企业长期可持续发展。

（2）保持合理的资本结构。

当企业盈利能力较强、资本结构中负债水平较低时，大股东或其他股东会基于长期发展考虑，进一步提升占比比例，这有可能造成股权高度集中，不利于企业建立现代企业制度；反之亦然。未来国有资本投资公司应保持资本结构合理，不能过高或过低，以实现可持续发展。

3. 治理机构：建立四权分离的科学规范治理架构

（1）明确股东会的职权范围。

国有资本投资公司因其特殊的定位，保持国有独资或国有全资的股权架构，有利于其在资产重组、资源整合、股权划转以及相关职能的履行方面有效行使权能，因此，一般不设立股东会，而由出资人代行职能。国有资本投资公司的下属企业应根据需要，依据《公司法》设立股东会或股东大会，主要职能包括经营计划和投资方针、发展规划、利润分配、绩效考核、审计监督等职能。

（2）加强党组织的领导作用。

以“把方向、管大局、保落实”为原则，通过前置决策实现党组织权力更聚焦、作用更突出。二级企业的党组织一般由 5 ~ 9 人组成，按照“双向进入、交叉任职”的要求，可以按“一个三分之二，两个三分之一”的比例设置，即公司党组织成员应占董事会成员的2/3，确保党组织在企业重大事项上的领导；公司党组织成员和董事会成员应在经理层中各占1/3比重（见表7－7）。同时党组织书记、董事长一般由同一人担任。党组织主要职能包括涉及企业中长期重要战略规划的决策、企业经营管理决策、重大人事任免决策、企业重大投资决策、大额资金运作事项等。

表7－7　国有资本投资公司“双向进入、交叉任职”设置

	党组织	董事会	经理层
党组织成员占比	1/1	2/3	1/3
董事会成员占比	—	1/1	1/3
经理层成员占比	—	总经理、（常务）副总经理	1/1

（3）落实董事会决策主体作用。

国有资本投资公司设立董事会，根据授权，负责公司发展战略和对外投资，经理层选聘、业绩考核、薪酬管理，向所持股企业派出董事等事项。董事会成员原则上不少于9人，由执行董事、外部董事、职工董事组成。保障国有资本投资公司按市场化方式选择外部董事等权利，外部董事应在董事会中占多数，职工董事由职工代表大会选举产生。董事会设董事长1名，可设副董事长。董事会下设战略与投资委员会、提名委员会、薪酬与考核委员会、审计委员会、风险控制委员会等专门委员会。专门委员会在董事会授权范围内开展相关工作，协助董事会履行职责。

国有资本投资公司下属企业的董事会可参考表7－8设置。

表7－8　国有资本投资公司董事会规模构成

基本要求		按是否在公司内任其他职务划分		按个人劳动关系是否归属公司划分		按专业背景划分	
数量要求	必设岗位	兼职董事	专职董事	内部董事	外部董事	业务类董事	管理类董事
3～9人（有限责任公司）5～9人（股份有限公司）	1人（董事长）	2～7人	1～2人	2～7人（含1名职工董事）	1～2人	1～4人	2～5人

（4）发挥经理层经营管理作用。

国有资本投资公司应落实经理层的经营管理权。董事长与总经理原则上不得由同一人担任，经理层主要负责日常投资运营、风险防控、薪酬分配、绩效考核等。

（5）强化监事会监督主体作用。

国有资本投资公司的监事会建设尤为重要。加强监事会建设首先从加强团队建设入手。按照相关政策要求，监事会不少于 3 人，一般为 5 ~7人，目前多地正在探索监事会主席与纪委书记“一肩挑”，解决监事会监督与纪委监督的融合与协同问题；增加外部监事和专职监事的比例，强化外部监事和专职监事作用，解决监事会的专业化问题；通过建立监事会的内生规则解决监事会的规范化问题。

国有资本投资公司监事会设置要求见图 7 –4。

内生规则：监事会依法运作的有力保障

1 基本制度：公司章程中监事会条款《监事会管理办法》《监事会工作实施办法》等

2 工作制度：《企业配合监事会工作的规定》《监事会成果运用管理办法》《监事会工作报告》等

3 约束制度：《监事行为规范》《独立监事指导意见》《职工监事管理办法》《专职监事薪酬管理办法》《监事考核办法》等

融入管理体系，细化业务流程

图 7 –4　国有资本投资公司监事会设置要求

国有资本投资公司的下属企业监事会建设可参考表 7 –9。

表 7 –9　国有资本投资公司监事会规模构成

	基本要求		按是否在公司内任其他职务划分		按个人劳动关系是否归属公司划分	
监事会人员结构（奇数）	原则数量要求	必设岗位	兼职监事	专职监事	内部监事	外部监事
	3 ~7 人	1 人（监事会主席）	2 ~5 人	1 ~2 人	2 ~5 人	1 ~2 人

二、治理机制

1. 外部治理机制

随着资本市场的快速发展，我国陆续出台了《公司法》《上市公司治理准则》《改革国有资本授权经营体制方案》等一系列文件，成为国有资本投资公司制定内部程序和规则的重要依据。

尤其是2019年4月19日，国务院发布的《改革国有资本授权经营体制方案的通知》（国发〔2019〕9号），进一步明确提出完善各类国有资产管理体制，改革国有资本授权经营体制。[①]

重点一：国有资产出资人代表机构制定责任清单、实现三个“归位于”。

制定出台出资人代表机构监管权力责任清单，清单以外事项由企业依法自主决策，清单以内事项要大幅减少审批或事前备案。将依法应由企业自主经营决策的事项归位于企业，将延伸到子企业的管理事项原则上归位于一级企业，原则上不干预企业经理层和职能部门的管理工作，将配合承担的公共管理职能归位于相关政府部门和单位。

重点二：国有资产出资人代表机构通过董事体现出资人意志。

依据股权关系向国家出资企业委派董事或提名董事人选，规范董事的权利和责任，明确工作目标和重点；建立出资人代表机构与董事的沟通对接平台，建立健全董事人才储备库和董事选聘、考评与培训机制，完善董事履职报告、董事会年度工作报告制度。

重点三：充分发挥公司章程在公司治理中的基础作用。

依法依规、一企一策地制定公司章程，规范出资人代表机构、股东会、党组织、董事会、经理层和职工代表大会的权责，推动各治理主体严格依照公司章程行使权利、履行义务，充分发挥公司章程在公司治理

---

① 李宏义，王大玮．授权经营体制改革释放国企发展新活力[J]．国有资产管理，2019(7)．

中的基础作用。

重点四：授权国有资本投资发展规划和年度投资计划。

根据出资人代表机构的战略引领，自主决定发展规划和年度投资计划。国有资本投资公司围绕主业开展的商业模式创新业务可视同主业投资。授权国有资本投资依法依规审核国有资本投资之间的非上市公司产权无偿划转、非公开协议转让、非公开协议增资、产权置换等事项。

重点五：授权国有资本投资公司选人用人。

授权国有资本投资董事会负责经理层选聘、业绩考核和薪酬管理（不含中管企业），积极探索董事会通过差额方式选聘经理层成员，推行职业经理人制度，对市场化选聘的职业经理人实行市场化薪酬分配制度，完善中长期激励机制。

重点六：授权国有资本投资公司股权激励等中长期激励方案。

授权国有资本投资董事会审批子企业股权激励方案，支持所出资企业依法合规采用股票期权、股票增值权、限制性股票、分红权、员工持股以及其他方式开展股权激励，股权激励预期收益作为投资性收入，不与其薪酬总水平挂钩。支持国有创业投资企业、创业投资管理企业等新产业、新业态、新商业模式类企业的核心团队持股和跟投。

重点七：授权国有资本投资工资总额实行预算备案制。

国有资本投资可以实行工资总额预算备案制。根据企业发展战略和薪酬策略、年度生产经营目标和经济效益，综合考虑劳动生产率提高和人工成本投入产出率、职工工资水平市场对标等情况，结合政府职能部门发布的工资指导线，编制年度工资总额预算。

重点八：授权国有资本投资重大财务事项管理。

授权国有资本投资自主决策重大担保管理、债务风险管控和部分债券类融资事项。

重点九：明确国有资本投资的管控定位。

国有资本投资公司以对战略性核心业务控股为主，建立以战略目标和财务效益为主的管控模式，重点关注所出资企业执行公司战略和资本回报状况。

重点十：明确国有资本投资提升资本运作能力。

国有资本投资作为国有资本市场化运作的专业平台，以资本为纽带、以产权为基础开展国有资本运作。在所出资企业积极发展混合所有制，鼓励有条件的企业上市，引进战略投资者，提高资本流动性，放大国有资本功能。增强股权运作、价值管理等能力，通过清理退出一批、重组整合一批、创新发展一批，实现国有资本形态转换，变现后投向更需要国有资本集中的行业和领域。

重点十一：完善监督监管体系。

搭建实时在线的国资监管平台，加强国有企业内部监督、出资人监督和审计、纪检监察、巡视监督以及社会监督，健全国有企业违规经营投资责任追究制度。

重点十二：坚持和加强党的全面领导。

授权主体的党委（党组）要加强对授权放权工作的领导，在改组组建国有资本投资过程中，按照“四同步”“四对接”的要求调整和设置党的组织、开展党的工作，确保企业始终在党的领导下开展工作。企业党委（党组）要切实发挥领导作用，把方向、管大局、保落实，依照有关规定讨论和决定企业重大事项，并作为董事会、经理层决策重大事项的前置程序。

2. 内部治理机制

（1）运行机制：通过一系列的制度流程保障运用的规范有效。

一是依法依规制定法人治理机构会议工作程序。国有资本投资公司应按照《公司法》及相关政策，制定相应的工作指引/议事规则，包括会前准备、会议召开、会议表决与决议、会议记录、会议决议落实等。

包括董事会工作指引/议事规则、监事会工作指引/议事规则、总经理办公会工作指引/议事规则等。

二是落实法人治理主体交流制度。国有资本投资公司应建立董事会与党委会沟通制度，包括事前沟通机制和前置决策制度；建立董事会与监事会、经理层之间的沟通制度，包括日常信息报送、领导班子办公会和董事会会议事前报告；建立董事会和监事会、经理层内部信息沟通制度，包括日常沟通、会前沟通、定期务虚会及董事会决议监督检查等；为外部董事履职提供支持，包括开放OA系统、提供办公场所、支持调研、提供相关资料、重大事项事前沟通咨询等（见表7－10）。

表7－10　国有资本投资公司法人治理沟通机制

沟通主体	沟通形式	沟通内容
党组织与董事会、经理层之间的信息沟通	前置决策	重大事项需要经党组织研究决定后，再由董事会和经理层履行法定程序
董事会、监事会、经理层之间的信息沟通	日常信息报送制度	经理层报送日常经营信息 董事会秘书定期向监事会报送公司重大信息
	建立领导班子办公会议制度	每月召开一次 参加人员：董事、监事、高级经营管理人员、与会议内容有关的人员
	董事会会议事前报告制度	议题材料应按规定报送监事会
	董事会和监事会的沟通会	每半年召开一次，沟通内容包括公司财务、审计、资产状况和经营管理以及出资人关注事项等重要情况
	总经理工作报告制度	定期和不定期汇报，主要为公司经营情况
	临时报告制度	总经理重大日常事故上报
董事会内部沟通	日常沟通、会前沟通、定期务虚会及董事会决议监督检查	
外部董事履职保障	日常工作支持	开放OA系统，定期通报公司运营情况，组织外部董事实地调研、提供资料、提供办公场所
	重大事项决策的事前沟通咨询机制	重大事项审议前，外部董事可以了解相关议题信息，并征询相关人员意见

续表

沟通主体	沟通形式	沟通内容
监事会内部沟通	日常沟通、定期通报、定期交流、定期调研及重大事项通报	
监事会履职保障	监事可列席董事会会议、董高人员需要配合质询、向监事会提供信息、经费列入年度预算、提出考核和调整领导班子意见等	

三是优化子公司报告制度。国有资本投资公司应要求子公司董事会和监事会、经理层定期提交相关报告，包括工作计划、年度工作报告、定期会议决议、自我评价报告等，并参加公司组织的年度工作报告会议，汇报内容包括年度工作成果和不足、下一年工作计划，报告作为公司对子公司进行履职评价的重要依据。

国有资本投资公司董（监）事会报告见表7－11。

表7－11　国有资本投资公司董（监）事会报告

董事会工作报告	监事会工作报告
董事会年度工作报告	监事会年度工作报告
董事会工作计划	监事会年度工作计划
董事会自我评价报告	监事会专项工作报告
董事会会议决议	年度监督检查报告
委员会工作计划	监事会专项检查报告
委员会工作报告	董事和经理层履职评价报告
	监事会独立意见报告

（2）选人用人机制：确保人员能力匹配。

一是积极拓展董事内外部选聘渠道，执行董事（高级管理人员）等采取内部选聘，专职董事采取内部选聘方式，职工董事采取内部民主推荐方式，外部董事或独立董事采取公开招聘方式。外部董事或独立董事人选范围主要为对行业和企业经营精通的外部行业专家、政府官员、优秀企业家、知名学者等（见表7－12）。

表 7－12　国有资本投资公司选聘机制

	选聘范围	选聘方式	任职岗位	聘用形式
内部选聘	集团各部门人员	民主推荐 竞聘上岗 公开遴选	内部兼职董（监）事	原方式
	公司不续聘的内部职业经理人		转任其他岗位，兼职董（监）事	市场化聘任
	公司不再担任主要职务的领导		内部专职或兼职董（监）事	原方式
	下属单位不再担任主要职务的领导		内部专职或兼职董（监）事	原方式
外部选聘	行业专家	外部交流 委托推荐 公开招聘	外部专职或兼职董（监）事	市场化聘任
	政府官员		外部专职或兼职董（监）事	市场化聘任
	优秀企业家		外部专职或兼职董（监）事	市场化聘任
	知名学者		外部专职或兼职董（监）事	市场化聘任

二是明确任职资格，实现人岗匹配。聚焦国有资本投资公司的功能定位和战略要求，落实公司和子公司董事会职能，明确董监高任职资格，分为基本条件和专业条件。基本条件包括政策素质、职业操守、工作态度、年龄、学历、工作经验、身体素质等；专业条件包括专业知识、个性特征、能力素质（见表 7－13）。

三是加强聘任管理，强化契约化作用。董监高实行聘任制，一般任期 3 年，聘期结束后经考核合格，可续聘。董（监）事任职须符合任职回避规定；与外派董（监）事须签订履职承诺书，包括契约双方主体名称，履职任期开始和截止日期，履职时间要求，履职规范及双方的责任、权利和义务，约定薪酬、考核、奖惩情况及保密条款等；与外部董（监）事须签订聘任合同，内容包括聘任双方主体名称、聘任任期开始和截止日期，履职时间要求，规范及双方的责任、权利和义务，约定奖惩依据、薪酬激励水平、离职或解聘条件、离职补偿、争议仲裁、保密条款等。

四是加强人才库建设和职业发展通道，提升履职能力。国有资本投资公司要积极建立董监高人才库及后备人才库，人选范围包括现职人员、公司各部门人员、公司不再担任主要职务的领导、行业专家、政府官员、

表 7－13　国有资本投资公司董(监)事任职资格要求

	任职资格评估要素	分类	知识	核心能力	个性	态度	履历要求
董事	基本要求:工作态度、政治素质要求 核心价值观——明确个性特征要求 战略分析(战略核心举措和保障)——明确知识和能力要求	业务类董事	战略知识 投资知识 运营知识 金融知识	业务专业能力 战略决策能力 经营督导能力 风险控制能力 识人用人能力 开拓创新能力 协调沟通能力 ……	自信心强 具有大局观 具有前瞻意识 创新且谨慎 逻辑思维强 ……	遵规守法 诚信廉洁 勤勉敬业 团结合作 ……	大学本科以上学历 具有 5 年以上部门管理或 3 年以上分管领导工作经验,并取得良好的工作业绩
		管理类董事	企管知识 财务知识 人力知识 法律知识 经济知识				
监事	基本要求:工作态度、政治素质要求 子公司风险分析——明确知识和能力要求	监事	财务知识 审计知识 法律知识 风控知识 企管知识 经济知识 ……	专业素养 沟通协调能力 风险控制能力 经营督导能力 ……	公正 原则性强 意识敏锐 逻辑思维强 风险意识强 ……	遵规守法 诚信廉洁 勤勉敬业 团结合作 ……	大学本科以上学历 具有 10 年以上审计或企管等工作经验,过往任职企业未发生重大风险

优秀企业家、知名学者等。针对人才库及后备人才库人员组织内外培训，提升人员履职能力。同时建立职业发展通道，表现优异的优先获得晋升机会，激发人才积极性（见表7-14、表7-15）。

表7-14　国有资本投资公司董（监）事培训内容

分类	培训内容
董事长	国内外市场基本情况、行业相关最新政策法规、公司治理知识以及董事长责权、行为规范等
董（监）事	公司运作法律框架、业务知识、胜任能力构建、公司治理知识以及董（监）事责权、行为规范等
外部董（监）事	除董（监）事培训内容外，增加关于公司发展现状、所处行业特征等方面培训内容
经理层	行业发展、战略知识、投资知识、财务知识等，具体参见职业经理人体系内容

表7-15　国有资本投资公司董（监）事人才库

<table>
<tr><th>人才库类别</th><th>入选范围</th><th>入库标准</th><th>培养内容</th><th>出库标准</th></tr>
<tr><td>董（监）事人才库</td><td>现有董（监）事</td><td>—</td><td>√公司运作法律知识、相关业务知识、相关能力构建、公司治理基本原则以及董（监）事履职条件、责权、行为规范等
√针对外部董事，应增加关于公司发展现状、所处行业特征等方面培训内容</td><td>—</td></tr>
<tr><td>董（监）事后备人才库</td><td>√公司各部门人员
√公司不再担任主要职务的领导
√下属单位不再担任主要职务的领导</td><td rowspan="2">√达到任职资格要求
√具有履行职务的时间和身体条件
√过往无违法违纪行为</td><td>√法律法规知识
√法人治理相关知识
√业务知识
√管理知识
√董（监）事能力素质</td><td>考核达到合格及以上</td></tr>
<tr><td>董（监）事外部人才库</td><td>√行业专家
√政府官员
√优秀企业家
√知名学者</td><td></td><td></td></tr>
<tr><td>经理层</td><td colspan="4">具体参见职业经理人体系内容</td></tr>
</table>

五是严格退出机制，畅通进出通道。董监高人员有存在考核不合格、履职不作为、违法违纪、重大重组等政策和公司制度规定退出的情形的，需要退出。领导人退出后，可转任专职董（监）事，专职董（监）事退出后可转任领导人，实现领导人和专职董（监）事的有效流转。

（3）监督机制：加强组织履职和人员履职评价。

一是突出工作成果形式，落实履职责任。国有资本投资公司要建立派出董监高人员的监督机制，定期向公司提交派出工作报告包括定期报告和专项报告。定期报告包括季度工作简报、半年报和年报。并针对不同报告，提交不同内容，体现董监高履职成果，激发董监高履职的积极性（见表7－16）。

表7－16　国有资本投资公司董（监）事报告

类别	报告	具体内容
派出董事报告	派出董事季报	主要工作及参与决策、子公司重大事项决策及实施情况、各项意见和建议等
	派出董事半年报	本人工作内容、重点工作执行情况、子公司的重要决策及其实施情况、发现问题、改进建议、重点专项建议
	派出董事专项研究报告	经营问题、人员履职问题、表决事项等
	外部董事履职记录	出席会议、调研情况、遵守纪律情况、合理化建议情况、参加培训情况等
派出监事工作报告	派出监事季度工作简报	主要工作、监督检查事项、发现问题、改进建议等
	派出监事半年报	主要工作、参与监督检查事项、整改落实情况检查、重大事项评价、改进建议等
	派出监事专项报告	重大违法违纪行为、重大风险、安全隐患等

二是逐步建立子公司法人治理主体履职评价机制。探索推行法人治理主体履职评价机制，其中董事会和监事会评价的重点是企业经营业绩和董事会运作的规范性、有效性。党组织履职评价重点为党组织建设和合法合规监督效果。经理层履职评价重点为公司经营业绩、风险控制、内部管理等。通过履职评价，视情况对法人治理主体进行改组，适当调整法人治理主体成员。经理层履职评价具体参见职业经理人部分内容（见表7－17）。

表 7－17　国有资本投资公司董（监）事会组织履职评价

评价对象	评价内容	评价主体	评价周期
董事会	董事会有效性 √经营绩效 √任期目标 董事会规范性 √工作机构设置 √制度建设 √日常运行 √议事方式 √表决程序 √决策效果 √高级管理人员选聘、考核和监督管理	股东（大）会	年度评价 任期评价
监事会	监事会规范性 √机构设置 √日常运作 √制度建设 监事会有效性 √能力建设 √重大风险揭示 √重大事项督导 √对董事会和经理层的监督	股东（大）会	年度评价 任期评价

三是强化履职行为评价，强化履职效果。国有资本投资公司应加强对董监高人员的履职评价，履职评价周期分为年度评价和任期评价。履职评价内容为“德、能、勤、绩、廉”。履职评价结果划分为“优秀”“良好”“合格”和“不合格”四个等次。评价结果与董监高的薪酬调整、职级调整、培训培养等挂钩（见表 7－18）。

表 7－18　国有资本投资公司董（监）事人员履职评价

评价对象	评价周期	评价指标
董事长	履职评价作为领导人绩效考核中民主评议的重要组成，根据领导人绩效考核评价结果与任免、奖惩等挂钩，具体参见公司绩效考核制度相关规定	
专职董事		
职工董事	年度考核 任期考核	职业操守、履职能力、勤勉程度、履职行为、廉洁从业
外部董事		职业操守、履职行为、履职能力、勤勉程度
监事		职业操守、履职能力、勤勉程度、履职行为
高级管理人员	年度考核任期考核	经营业绩、分管工作，具体参见职业经理人体系

四是建立追责免责机制。根据国家政策和法规明确问责事项，问责事项分为轻微、严重、恶劣三个等级，根据不同等级，采取责任追究方式，包括教育、批评、责令改正、停降职、罢免、追究经济责任等，明确惩罚程度。同时对非由个人主观因素导致损失的情形，予以免责。

（4）激励机制：以物质激励为重点的长短期结合的激励制度。

一是推行薪酬挂钩机制，提升履职意愿。国有资本投资公司应结合行业发展、地区水平、同行业企业等情况，以为岗位付薪、为绩效付薪、为能力付薪的原则，制定对外具有竞争力、对内公平的宽带薪酬体系，适当拉开业务岗位和非业务岗位的薪酬差距，激发内部工作活力。其中国有资本投资公司向所持股企业派出的外派董事和外部董事外派董事薪酬，根据兼职企业数量、履职评价等情况，在原岗位薪酬标准上浮一定比例或统一制定标准，折算到原岗位薪酬中；外部董事可根据工作量、能力素质，参照外派董事综合确定；外派和外部董事薪酬由公司统一发放，不得在所持股企业领取任何形式的报酬。履职评价为“优秀”的，给予奖励，并优先考虑作为企业领导人员选拔的候选人。履职评价为“不合格”的，应当及时予以更换，并给予处罚（见表7－19）。

表7－19　国有资本投资公司董（监）事薪酬结构

薪酬结构	年薪		激励	
	基本年薪	绩效年薪	专项奖励	任期奖励
薪酬考虑因素	兼职数量、地区水平、行业水平、能力素质等			
薪酬水平	（一）外派兼职董（监）事按照原岗位年薪上浮20%； （二）外部董（监）事参照外派董（监）事年薪确定，按照1.5～2系数确定； （三）子公司内部专职董（监）事参照任职公司董事长或监事会主席薪酬，按照0.6～0.8系数确定		按照年薪的10%给予奖励	按照任期年薪总额的30%给予奖励
比例	40%	60%	—	—

续表

薪酬结构	年薪		激励	
	基本年薪	绩效年薪	专项奖励	任期奖励
释义	为承担该项工作获取的固定报酬，固定发放	评价该项工作完成程度的浮动薪酬，根据考核发放	董事会决策和企业经营过程中，在重大事项推进、风险控制、管理提升等方面提出专业意见，被采纳，并在该年度得到证明，每年评选一项，评选一人	为对任期勤勉尽责，并达到任期考核总体要求给予的奖励。考核方式为三年考核平均得分达到年度考核要求
发放方式	按月发放	按年发放	按年发放，第二年支付	任期结束第二年一次性发放

二是建立中长期激励，与薪酬实现互补。针对不同人员，建立有针对性的中长期激励政策，包括任期激励、项目跟投、超额利润共享等，通过实现长短期结合的激励，提升董监高人员的履职积极性。

第五节　国有资本投资公司法人治理体系成果

针对国有资本投资公司董事会建设实际情况和未来发展要求，一是需要重点建立责权清单或集团管控清单，明确国有资本投资公司与子公司责权界限，充分发挥各自主体功能；二是需要根据公司法和政策要求重点建立工作指引或议事规则，确保各法人治理主体合法合规履职，有效发挥其作用；三是围绕履职有效性要求，建立追责免责制度，实现法人治理主体的责权匹配，提升法人治理主体功能的科学性和有效性；四是在法人治理主体完善的基础上，进一步建立内部授权制度，实现内部程序和法定程序的统一，充分发挥法人治理主体的功能作用。具体来看，将逐步形成下列成果：《责权清单/集团管控清单》《工作指引或议事规则》《法人治理交流制度》《报告制度》《人员管理办法》《履职评价管理办法》《追责免责制度》《内部授权管理制度》……

第三篇 案例解读①②③④⑤

① 国务院国资委改革办．改革实践——国资国企改革试点案例集［M］．北京：机械工业出版社，2019.

② 本书编写组．国企改革若干问题研究［J］．北京：中国经济出版社，2017.

③ 国务院国资委改革办．国企改革探索与实践——地方国有企业100例（上、下）［M］．北京：中国经济出版社，2018.

④ 国务院国资委改革办．国企改革探索与实践——中央企业子企业150例（上、下）［M］．北京：中国经济出版社，2018.

⑤ 国务院国资委改革办．国企改革探索与实践——中央企业集团15例［M］．北京：中国经济出版社，2018.

| 第八章 |

国有资本投资公司典型试点案例

第一节 中粮集团

中粮集团以管资本为主不断完善国有资产管理体制，在压缩管理层级、加大放权力度的同时，建立大风控体系，强化监督、防止国有资本流失。

一、战略定位（产业布局）

国务院国资委对中粮集团的管理从“以管企业为主”向“以管资本为主”进行转变，管理范围包括：一是明确中粮集团战略方向，确定国有资本投资回报底线；二是对中粮集团负责人进行任免、考核并根据其经营业绩进行薪酬激励，根据国有资产损失情况进行责任追究；三是对中粮集团建设现代企业制度、完善法人治理结构进行监督和管理。

二、管控模式（组织架构）

1. 形成三级管理架构，完善管控体系

中粮集团将资本经营和资产管理经营分离，建立定位清晰且职责明确的“集团总部资本层—专业化公司资产层—生产单位执行层”三级架构：集团总部是资本运营中心，负责管理集团战略方向、资源配置和投资方向与规模，强化总部调度、监督、考核的权威性，强化资产布局及资本运营能力；专业化公司是资产运营实体核心，集团总部将资产运营职能全部下放专业化公司；生产单位是执行层，包括粮库、工厂、码头、产业园、区域分公司等，负责业务的具体生产运营。

2. 压缩总部职能部门和人员

按照“小总部，大产业”的原则，中粮集团优化精简集团总部，将总部职能部门从 13 个压缩到 7 个，人员从 610 人调整至 240 人以内，增加职业经理人数量。

中粮集团组织架构如图 8－1 所示。

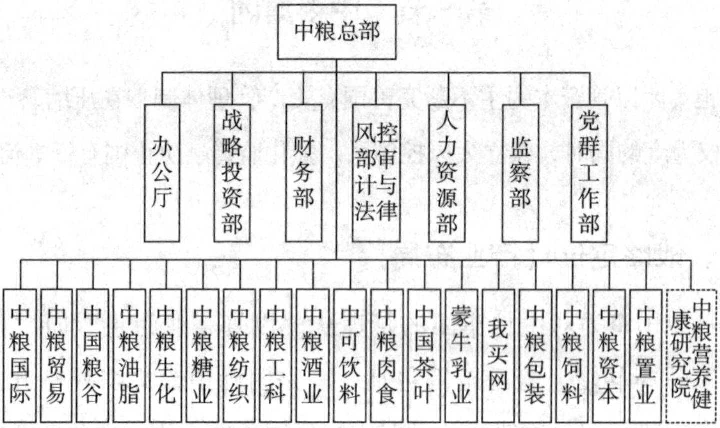

图 8－1　中粮集团组织架构

3. 企业本部下放五大权力，从“管资产”向“管资本”转型①

中粮集团总部向专业化公司充分下放用人权，资产配置权，生产、技术和研发创新权，考核评价权和薪酬分配权等五大类关键权力。

用人权。建立董事会的专业化公司的董事长、党委书记、总经理、审计特派员、股权董事、监事由集团党组提名、任免，班子其他成员及

① 赵双连．坚持放权搞活与创新监管对称运行 在深化改革中确保国有资产安全[C]//中国企业改革发展优秀成果(首届)下卷．北京：中国经济出版社，2017.

总经理助理级人员由各专业化公司提名，经集团党组核准后履行程序，由董事会任免。未建立董事会的专业化公司班子成员由集团党组提名、任免。除此之外，其他经理人由专业化公司自行管理。

资产配置权。集团构建权责清晰、约束有效的经营投资责任体系，严格责任追究机制，将资产配置权下放至专业化公司。集团层面批复专业化公司年度投融资预算以及集团重点关注投资项目，专业化公司决定具体投融资方案和投资项目。

生产、技术和研发创新。专业化公司的生产调度、品牌开发、技术改造以及研发等生产运营方面的事项，由专业化公司决定。

考核评价权。集团直接对专业化公司的领导班子进行绩效考核，包括董事长、总经理、集团派出的专职股权董事和监事。其他班子成员及人员由专业化公司确定。

薪酬分配权。集团党组只管理专业化公司董事长、总经理、股权董事、监事的薪酬；集团对专业化公司的薪酬分配制度、薪酬总额和其他班子成员的薪酬实行事前备案管理；涉及股权的中长期激励方案报国务院国资委审核后，按公司治理程序由股东会批准。其他薪酬激励事项由专业化公司决定。

4. 聚焦主业，打造专业化公司进行产业化发展

打造专业化公司。为加强各业务的专业化管理和专业化生产经营，中粮集团根据业务聚焦原则，纵向推进产业链上下游优化配置，横向整合同类业务资产，减少同质化经营、重复建设、无序竞争。结合资产布局需要和业务经营现状，在集团设立 18 个专业化公司（平台），作为二级单位负责资产运营，由集团直管。专业化公司以核心产品为主线进行纵向整合，全面建立现代企业制度，努力实现股权多元化，真正成为依法自主经营、自担风险、具有核心竞争力的市场主体。[①]

---

① 2016，深化国企改革动真碰硬[J]. 紫光阁，2017(1).

5. 创新体制机制，释放企业活力和竞争力

激励约束机制。一是改变管理方式，实施分类管理。将业务划分为成熟稳健、发展培育、前景不明三类，分别实施充分授权，关注扶持和限制扩张等不同管理模式。二是改革激励机制，分享超额利润。中粮集团在原有激励报酬体系基础上，新增超额利润分享计划，从业务团队实现的净利润与集团下达的“目标值”之间的增量部分中拿出一定比例奖励团队。三是改革考核机制，实行末位淘汰。

选人用人制度。广泛采用职业经理人制度，签订聘任协议和业绩合同，明确双方责权利，约定聘期、业绩考核标准、薪酬、合约终止条件和责任追究等内容，经理人实行任期制，三年为一任期，采取市场化原则确定薪酬激励水平，实现职务能上能下、人员能进能出的合理流动机制。①

三、构建综合性监督风控体系

设立综合性风控部门。总部设立专门由集团董事长直接分管的“审计与法律风控部”，集商业风险控制、审计、法律于一体，对风控进行总协调，把各个风控产业链整合在一起，综合执行、信息共享，缩短风控处置链条。

审计直管。审计体系实行总部直管，由总部向各专业化公司委派审计特派员，设立监事会的，兼任监事长，确保审计监督职责的“到位、到底”。②

纪检专设。专门设置纪检监察机构，负责对职能部门和各专业化公司（平台）领导班子及成员的监督、执纪和问责，实现二级企业纪检监察组织建设全覆盖，并严格执行干部交流和轮换制度。

---

① 晋煜，熊韬，巴士侠．国有资本投资公司改革解析[J]．中国军转民，2019(5)．

② 任腾飞．专访中粮集团董事长赵双连 棋至中局：中粮集团的精良之路[J]．国资报告，2016(10)．

财务统一。中粮集团本部向专业化公司推荐财务负责人，由专业化公司董事会聘任，集团对所有专业化公司的财务实行在线监测调度管理，统一预算管理、统一资金使用、统一资金风险管控、统一负债和融资。

董事专职。在专业化公司层面全面建立董事会，董事会下设战略与预算、提名、薪酬与考核、审计与风控等专门委员会，董事会成员由内部董事和外部董事组成，外部董事包括专职股权董事和独立董事，占董事会成员的大多数，同时建立60多人的独立董事库，适时为专业化公司配备独立董事。在下属企业稳步推进建立完善监事会，探索创新监事会工作模式，发挥监事会监督职能。①

国务院国资委授权中粮集团的18项权利如表8－1所示。

表8－1　国务院国资委授权中粮集团的18项权利②

授权事项	原方式	现方式
1. 中长期发展战略和规划	审批	授权
2. 五年发展规划和年度投资计划	审批	备案
3. 确定1～3个新业务领域，在投资管理上视同主业对待	审批	备案
4. 海外投资	审批	备案
5. 公司董事会议事规则优化	审批	授权
6. 子公司人事管理	审批	授权
7. 公司内部企业之间的产权无偿转让	审批	授权
8. 通过产权市场转让国有产权	审批	授权
9. 子企业增资	审批	授权
10. 公司及子企业重大资产处置事项	审批	授权
11. 在法律法规和国资监管规章规定的比例或数量范围内，增减持上市公司股份事项	审批	授权

① 赵双连. 坚持放权搞活与创新监管对称运行 在深化改革中确保国有资产安全[A]//中国企业改革发展优秀成果(首届)下卷[M]. 北京:中国经济出版社,2017.

② 周丽莎,支东升,刘乌兰,等. 国有资本投资公司模式研究[A]//中国企业改革发展优秀成果2018(第二届)上卷[M]. 北京:中国经济出版社,2018.

续表

授权事项	原方式	现方式
12. 不涉及控股权变动的情况下，上市公司股份的协议受让等	审批	授权
13. 经理层的市场化选聘	审批	授权
14. 对经理层个性化考核	审批	授权
15. 市场化选聘的职业经理人实施市场化薪酬分配机制	审批	授权
16. 中长期激励机制	审批	授权
17. 职工工资分配	审批	授权
18. 工资总额	审批	备案

第二节　国投集团

国投集团于2001年4月成立国投资产管理公司，专门从事对不良资产和非主业资产的管理业务；于2010年1月成立国投资本控股有限公司，不断加大金融产业的投资力度；于2015年12月成立中国国投高新产业投资有限公司，投资前瞻性战略性产业，逐步将集体打造成具有国际竞争力的一流国有资本投资公司。

一、战略定位（产业布局）

作为国有投资控股公司，国投以资本为纽带，通过投资导向、结构调整与资本经营，投资关系国家安全、国民经济命脉的重要行业和关键领域，发挥了国有资本的控制力、影响力和带动力。引导各类社会资本投资建设一批在国民经济和区域发展中起重要作用的大项目，在“一带一路”、京津冀协同发展、长江经济带等建设中，率先布局、引领发展。作为国有资本投资公司，国投比较好地贯彻国家产业政策，实现国有资本的“有进有退”，推动主要业务向命脉和民生领域集中，形成了基础产业、前瞻性战略性产业、金融及服务业、国际业务四大战略业务单元，在国民经济中发挥了投资导向、结构调整、创新引领的独特作用。①②③

基础产业在调整中发展。电力着力发展清洁能源；推动煤炭公司向矿产资源开发企业转型；加大战略性稀缺性矿产资源投资力度；加大港口资源整合力度。

前瞻性战略性产业在创新中发展。重组中国高新和国投高科两家子公司，打造前瞻性战略性产业投资平台；设立国投先进制造产业投资基金、国投科技成果转化创业投资基金等，募集基金1100亿元，引导5000亿元左右社会资本进入前瞻性战略性产业。

民生产业常抓不懈。设立贫困地区产业发展基金，引导各类社会资本投资建设一批在国民经济和区域发展中起重要作用的大项目。

二、管控模式（组织架构）

1. 三级管控模式，构建“小总部，大产业”格局

“小总部，大产业”格局初步形成。国投集团建立起以资本为纽带的母子公司管理体制，实行集团总部—子公司—投资企业三级管理。

（1）集团总部。集团总部作为战略决策中心、投资决策中心、运营监管中心和信息共享服务中心，负责公司发展战略、经营目标、对外投资等重大事项的决策；监督子公司、投资企业经营管理，提供支持服务。

（2）子公司。子公司作为专业化经营管理平台，负责投资企业的经营管理，寻找投资机会，推进业务发展，促进投资企业提高运营绩

---

① 王会生．打造具有中国特色的国有投资控股公司 国家开发投资公司20年探索与实践[J]．国企,2014(4):17－20.

② 周丽莎,支东升,刘乌兰,等．国有资本投资公司模式研究[A]//中国企业改革发展优秀成果2018(第二届)上卷[M]．北京:中国经济出版社,2018.

③ 晋煜,熊韬,巴士侠．国有资本投资公司改革解析[J]．中国军转民,2019(5).

效。国投实施母子公司管理体制，清晰地划分了母公司、子公司以及投资企业各层级的管理模式。根据投资控股公司的特点，国投建立起投资决策、风险控制、考核激励、监督约束等一套完善的管控体系，以此为基础形成了要素管理、流程化管理、对标管理、专业化管理、精细化管理和全面风险管理等一整套符合投资控股公司特点的、完备的制度体系。

（3）投资企业。投资企业作为业务运营单位，负责具体业务的直接经营管理，是公司的利润中心。

国投集团组织结构如图 8－2 所示。

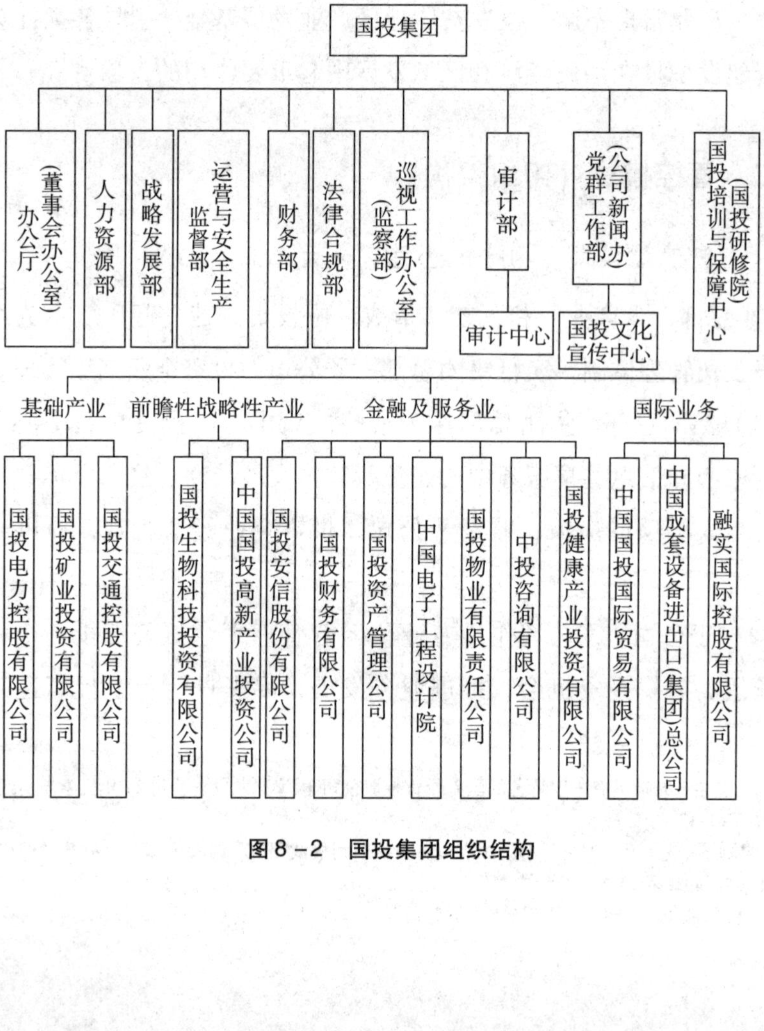

图 8－2　国投集团组织结构

2. 分类授权改革，落实企业职权

公司同步推行分类授权改革、股权董事改革和大监督体系改革，推动子公司成为依法自主经营、自负盈亏、自担风险、自我约束、自我发展的独立市场主体。①

公司现有子公司分布在能源、矿产、交通、高科技、金融、工程设计和承包、贸易等各个领域，各板块之间业务不同、市场化程度不同、管理要素不同，很难适用一个管控体系。为清晰界定总部与子公司的职责界限，确立子公司自主经营、自我发展的市场主体地位，按照“一企一策”的改革思路，对子公司实行分类授权改革。公司选取了外部条件、公司治理、人才队伍建设和企业竞争力 4 个维度的 14 个指标对所有子公司进行全方位的测评，将子公司划分为充分授权、部分授权、优化管理三类。

按照“资本权利上移、经营责任下沉”的思路，公司选取国投电力、国投高新进行充分授权改革试点，能放则放、该放尽放，将选人用人权、自主经营权、薪酬分配权等原由总部决策的 70 多个事项，分别授予国投电力和国投高新董事会决策；将延伸到三级及以下控股投资企业的管理事项，由国投电力、国投高新董事会依法依规决策，推动决策责任归位和管理责任到位。②

3. 推行股权董事制度，做实子公司董事会

国投集团将做实子公司董事会、提高子公司董事会决策能力作为分类授权改革的重要保障。为此，公司全面启动股权董事改革，推行专职股权董事制度，确保授权“授得下、接得住、行得稳”。当前，国投电力、国投高新均按照股权董事改革要求，已完善到位；其他分类授权子公司正按要求推进。

---

① 齐慧．国家开发投资公司：树立国有资本投资公司改革标杆[N]．经济日报，2017－09－11.

② 王会生．国有资本投资公司“试”什么[J]．现代国企研究，2016，85(7)：18－25.

股权董事改革中，公司制定了《子公司董事管理暂行办法》《董事库建设方案》《股权董事工作指引》，为推进改革工作提供了制度保障。在专职股权董事的选拔中，通过严格筛选，从现有管理人员中挑选经验丰富、对公司忠诚的专家人才，派往子公司担任专职股权董事。专职股权董事一般不再兼任公司职能部门职务，薪酬由公司承担，不在任职公司获取任何报酬；对决策事项独立判断，不再事事上报公司决策；对决策结果独立承担相应责任，不再将决策压力传递回公司。公司对专职股权董事实施差异化考核，将考核评价结果与薪酬奖惩挂钩，同时严格责任追究，最大限度调动股权董事的主观能动性，最大限度向股权董事传导压力，也最大限度将股权董事的履职业绩与子公司改革发展成效挂钩联动。通过制度创新，进一步完善了公司法人治理结构，加快现代企业制度的建立。

三、国有资本投资平台

国投集团以国投资本、国投高新、国投资产作为金控平台，通过设立产投基金，推动国有资本投资平台运营搭建，以国有资本引导产业发展方向，承担国有资本投资平台功能定位。设立了4只基金：国家先进制造产业投资基金，基金规模1100亿元；贫困地区产业发展基金，基金规模28亿元；国投水环境基金，基金规模100亿元；中移国投创新投资基金，首期募集50亿元。引导各类社会资本投资建设一批在国民经济和区域发展中起重要作用的大项目。

四、增强企业活力

国投集团按照党组织领导、董事会选择、市场化选聘、契约化管理的方式，建立由“一个指导意见、两个合同、两个合约、两个办法”组成的职业经理人“1+6”制度框架，将经理层的选聘和管理权交给国投电力董事会。[①]

2016年8月，国投电力董事会自主决策选聘了六位职业经理人为新一届经理层成员，并与其签订了聘用合同、绩效合约，同时明确了薪酬管理办法、绩效考核办法，实现职业经理人身份转换。

国投电力职业经理人选聘过程中，坚持党组织参与决策、董事会依法决策，明确公司党组、国投电力董事会和党委各层级主要职责。公司党组发挥领导核心作用。加强选人用人工作指导和职业经理人履职行权的监督，从严管理经理层职数，特别是在选聘工作中发挥确定标准、规范程序、审批选聘方案、推荐人选、参与考察等作用。国投电力党委发挥领导核心作用，加强对职业经理人的日常监督，会同子公司董事会建立健全职业经理人市场化选聘和管理相关制度；参与选拔和人选考察工作；对拟任人选集体研究提出意见和建议；加强后备队伍建设。公司按照全国国有企业党的建设工作会议精神，试点改革中坚持符合条件的党委委员通过法定程序进入董事会、监事会、经理层；董事会、监事会、经理层成员中符合条件的党员依照有关规定和程序进入党委。其中，经理层成员与党委委员适度交叉任职。[②][③]

国投电力职业经理人选聘采用在集团内公开招聘方式进行，包括总经理、财务副总经理、发展副总经理、安全和基建副总经理、生产副总经理、董事会秘书等6个岗位。选聘工作程序具体分为制定选聘方案、发布招聘公告、个人报名应聘、初选审核把关、组织答辩测评、开展组织考察、党组织研究讨论、进行任前公示和董事会决定聘任九个步骤。

国投电力董事会依法选择和管理职业经理人。制定选聘方案和相关管理制度；组织开展选拔和人选考察工作；决定聘任或者解聘职业经理人，对其实施业绩考核并决定其薪酬事项。

---

① 齐慧. 核心是调动人的积极性[N]. 经济日报,2016-08-25.

② 刘晓军,于米,孙源远,等. 宝武职业经理人制度研究[C]//中国企业改革发展优秀成果(首届)下卷,2017.

③ 中共中央、国务院关于深化国有企业改革的指导意见[J]. 中国有色建设,2015(3).

国投电力与职业经理人签订劳动合同，劳动合同期限与聘期一致，聘期届满续聘的，再续签劳动合同。其中，由集团内部员工转任职业经理人的，解除原劳动合同，重新签订。职业经理人人事档案从集团转出，由国投电力联系中介委托管理，退休后实行社会化养老。聘期三年（保持与董事会届次时间一致），聘用合同内容包括：经理人行为规范及双方责任、权利和义务，约定奖惩、离职或解聘条件、离职补偿、责任追究条款等。聘用合同解除的，劳动合同一并解除。董事会与总经理（代表经理层）签订任期绩效合约，考核指标包括国有资本保值增值率、成本利润率、总资产周转率、任期内年度考核得分。

国投电力将企业战略发展、经济效益及年度重点工作等业绩指标纳入职业经理人考核体系，定量与定性相结合，年度与任期相结合，并以绩效合约的形式明确考核目标，强化企业经营管理责任的分解落实。其中，职业经理人年度考核得分在 80 分以下且无董事会认可的正当理由的，一律解聘。同时，董事会根据工作需要，可不定期组织开展考核，重点考核职业经理人履职能力、业绩成果、行为规范等方面情况。

国投电力董事会选聘的职业经理人，其薪酬结构和水平，由董事会按照市场化薪酬分配机制、结合董事会考核结果确定，参照电力行业资产、效益、净资产收益率等行业通用对标指标，综合考虑行业、规模、股东背景、发展目标等确定对标单位群体，以业绩对标为前提，匹配相应的市场薪酬，业绩市场分位就是薪酬总水平的市场分位，强化业绩表现与薪酬联动；同时探索完善中长期激励机制，设置任期激励。

第三节　宝武集团

一、战略定位（产业布局）

2016 年作为中国钢铁行业骨干企业的宝钢和武钢迈出了联合重组的关键一步，中国宝武集团诞生，并被列为国有资本投资公司试点单位。

原宝钢集团和武钢集团都是中国钢铁行业的骨干企业，联合重组后，首要任务是牢记使命、服务国家战略，坚定不移做强做优做大钢铁核心主业，成为中国钢铁行业转型升级的引领者。同时宝武集团按照国有资本投资公司的定位，根据自身的综合能力和资源优势，选择适合宝武集团发展的若干主业，以优化国有资本布局结构，促进国有资本合理流动，实现保值增值。

二、管控模式（组织架构）

宝武集团强调母子公司管理体制，管控模式上选择战略、财务管控，总部以管资本为主，各子公司和业务板块以主营业务为主，关注收益。就具体职能而言，总部主要负责战略规划、产业组合、产业进出及转型发展、重大投资融资、核心人员管理、监督风控及“去产能”“治僵脱困、瘦身健体”等专项改革工作推进。子公司负责贯彻落实集团战略意图，开展产业领域内经营管理活动并承担相应的绩效责任。

集团总部突出“分类管控、投资、运营、整合协同、服务创新”核心功能，并相应组建业务、职能、服务及党群四类部门。按照资产结构和产业形态，组建集团业务部门，负责集团内所辖产业资产的结构、效率和质量。明确由业务部门代表宝武集团行使子公司积极股东的权利，通过资源配置和价值创造，承担所辖业务领域内的资产保值增值责任。业务部门主要采用项目化运作方式开展业务，项目类型主要包括所辖业务领域内的投资并购、资产重组、资产证券化、股权运作、资产处置、协同支撑、资源整合、产融结合、产城结合、产网结合等。职能部门负责集团管理制度体系优化，并为业务部门、子公司提供业务管理支撑。服务部门为其他部门和子公司提供人力资源、财务、培训等共享服务。党群部门结合经营业务开展党建工作，充分发挥党组织政治核心和领导核心作用。

宝武集团组织结构如图 8－3 所示。

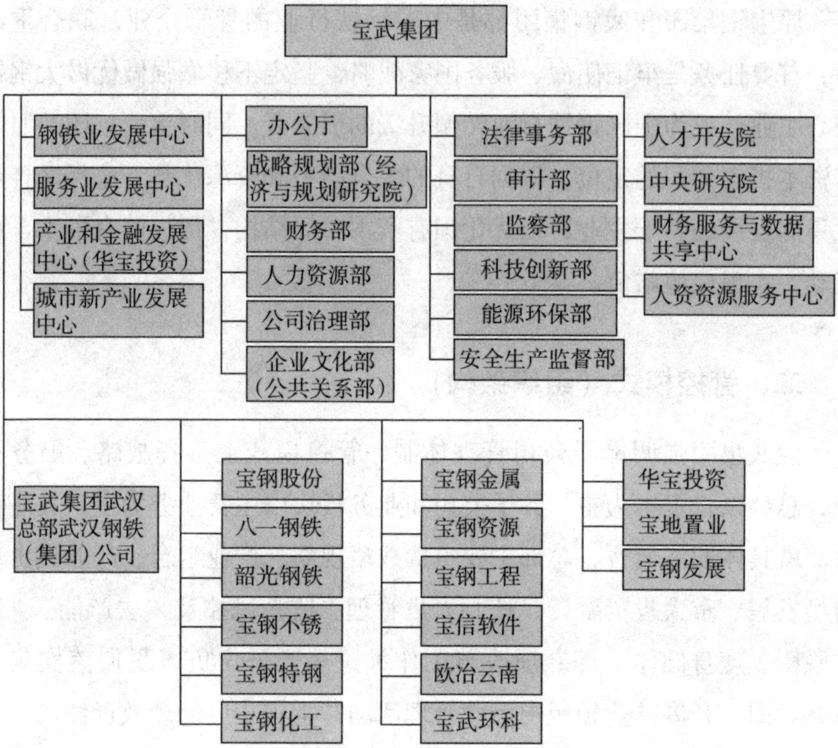

图8－3　宝武集团组织结构

三、增强企业活力

持续推进法人治理结构优化。宝武集团作为国有资本投资公司，对所出资企业行使股东职责，子公司定位为自担风险、自我约束、自我发展的独立市场主体，为此宝武集团在总部职能改革的同时，进一步推进完善子公司法人治理结构优化工作，形成董事会、监事会与经理层权责对等、协调运转、有效制衡的决策执行监督机制，促进子公司转换市场化经营机制、提高运行效率。2016 年，宝武集团出台了《完善子公司法人治理结构指导意见（试行）》，文件从完善董（监）事会设置、优化重大事项决策授权、健全董（监）事的培养选用和激励约束机制、完善派出董（监）事履职支撑体系、坚持党的领导与公司治理有机统一等方面，对完善子公司法人治理结构提出了具体改革举措并加快推进落实。

优化子公司派出董事授权体系。根据国有资本投资公司定位和综合试点进展情况，以及各子公司的管控模式和公司治理的要求，结合子公司董事会、监事会换届周期，按照“一企一策”原则优化子公司董事会、监事会的成员配置，规范派出董事的授权方式，明确决策程序和决策责任。同时兼顾控制与效率原则，针对董事会职权事项对派出董事进行合理授权，收紧长期投资、固定资产投资、资金运作、金融衍生品等事项的授权，而对于与子公司日常经营管理相关的事项则充分授权派出董事行权。

完善组织绩效评价机制。为建立适应国有资本投资公司的激励机制，宝武集团经过反复研究，设计了新的组织绩效评价方案。重点突出了战略性牵引、市场化评价、强绩效应用的特点，重点关注跑赢大盘和进步提升。评价方案贯彻3个原则：①战略性牵引，通过有效的产业研判和“融投管退”项目，实现保值增值；②市场化评价，以EVA作为核心评价指标，采用行业对标，一企一策，自我驱动，鼓励子公司争创一流；③强绩效应用，组织绩效与激励强挂钩，影响工资总额，打造高绩效文化。

该套组织绩效评价方案遵循公平、公正的基本原则，科学评价各二级企业的年度绩效，并综合考虑了各子公司的实际情况和绩效表现。同时，结合推进股权多元化混合所有制研究分配机制改革，充分发挥分配制度对绩效提升的效应。

推进法制央企建设。作为全面推进法治央企建设的制度基础，公司法务部门制定了《全面推进法治央企建设方案》，明确公司推进法治央企建设的指导思想、工作原则，通过加快推进总法律顾问制度建设、健全子公司法律风险防范机制、增强依法合规经营能力、积极处置法律纠纷案件、强化落实合同基础管理职能等体系能力建设，加强法务管控。

加强国有资产监管，防止国有资产流失。宝武集团认真落实《国务院办公厅关于加强和改进企业国有资产监督防止国有资产流失的意见》的文件精神，制定了《加强和改进监督体系防范国有资产流失实施方案》，通过构筑“四道防线”和健全“六个机制”，推进全方位监督体系建设，强化对子公司经营、投资和产权流转全过程监督。

一是建立内部监督工作会商机制。会商机制由纪检监察部门牵头，投资、财务、法务、审计等部门和子公司监事会成员参加，加强各监督主体部门监督信息共享，及时分析、研判和处置内部监督工作有关事项，形成监督合力，减少重复检查，提高监督效能。重点对4项工作进行会商：①共享各监督部门在年度计划、项目实施和监督结果信息及近期发现的管理运营和党风廉政建设中倾向性、苗头性问题；②制订需要跨部门、跨单元协同完成的监督（检查）工作方案；③研究监督工作中发现的重大问题和有关政策、措施及重要政策的答复性意见；④完善有关内部监督工作会商机制建设和相关工作制度。

二是健全党风廉政建设责任体系。进一步完善责任分解、监督检查、考核评价、责任追究等工作机制，推进基层单位细化“两个责任”的问题清单、责任清单、任务清单，推动“一岗双责”落地；优化“季度抽查、半年督导预评价、年度实地验证综合评价”的常态化检查考核方式；加大问责力度，对党的领导弱化、党的建设缺失、从严治党责任落实不到位、维护党的政治纪律和政治规矩失责、贯彻中央八项规定精神不力、选人用人问题突出、腐败问题严重、不作为乱作为的，要严肃问责、曝光典型问题，对该问责而不问责的，也要严肃问责。探索完善容错纠错工作机制，制定贯彻落实“三个区分开来”的实施意见，旗帜鲜明地支持干事者、保护改革者、宽容失败者、严惩违纪者。

三是坚持问题导向，强化巡视监督。巡视是加强党内监督的战略性制度安排，是全面从严治党的重要手段。加强巡视队伍建设、加强巡视工作规范化、创新巡视方式方法。突出巡视重点，围绕党内政治生活状况、党风廉政建设责任制落实、领导人员亲属经商办企业、作风建设、廉洁风险防控、敏感岗位管理、礼品管理等情况开展专项巡视，对问题线索集中、职工群众反映强烈、廉洁风险易发的基层单位开展综合巡视。深化巡视成果应用，探索建立巡视反馈问题、巡视整改结果公开及评价机制。

四是探索建立信息化监督平台。公司针对内控力度逐级递减、缺乏经营风险预警机制的问题，策划构建动态化信息监督平台，在不干预子公司日常经营的情况下，通过信息化的手段，开展战略绩效评价管理、供应链浮动盈亏预警、异常经营事件的甄别、授权受控在线提示、经营投资内控责任界定，以服务于派出董（监）事、业务中心和相关监督部门。

第四节　中交集团

一、战略定位（产业布局）

中交集团实施“一台六柱”的试点改革总体框架。“一台”是指以管资本为主，打造成为基础设施领域的投资控股集团。“六柱”是指中交集团根据现有产业基础和优势，结合服务国家重大战略的需要，进行六大支柱产业方向布局，打造世界领先的交通基础设施投资建设运营产业集团、城市综合开发投资建设和运营服务产业集团、装备制造及海洋重工投资制造服务产业集团、疏浚环保及海洋产业集团、国际产能合作平台及园区投资建设运营产业集团以及具有鲜明特色的产业金融服务集团。

二、管控模式（组织架构）

总部聚焦“战略管控中心、资源配置中心、风险控制中心、投融资决策中心、绩效评价中心和价值服务中心”的六大功能定位。形成总部职能部门、事业部和区域总部“三位一体”的管理体制。

中交海洋经济投资开发集团。围绕“国家海洋强国，维护海洋权益”的重大战略，依托公司在港口及港城综合体开发建设、海洋工程、环保工程、特色房地产开发等方面的全产业链优势。

中交装备新能源投资开发建设服务集团。以振华重工为核心平台，在占据全球70%以上港机市场份额的基础上，通过资源整合、股权划拨、外延式并购等方式，整合中交内部装备及海上风电相关企业，组建装备新能源集团。

中交新兴城镇化建设投资、运营平台。紧抓“国家城镇化建设、海绵城市、地下综合管廊开发”等战略机遇，准确把握社会对健康、旅游、养老、医疗等地产消费需求，在绿色城市、宜居城市和智慧城市中培养优势产业。

中交基础设施特许经营服务集团。作为中国最大的高速公路运营商，凭借交通基础设施投资及区域领域优势，重组整合投资业务和经营性资产，打造亚洲最大、世界领先的基础设施特许经营服务集团。

中交集团组织结构如图8-4所示。

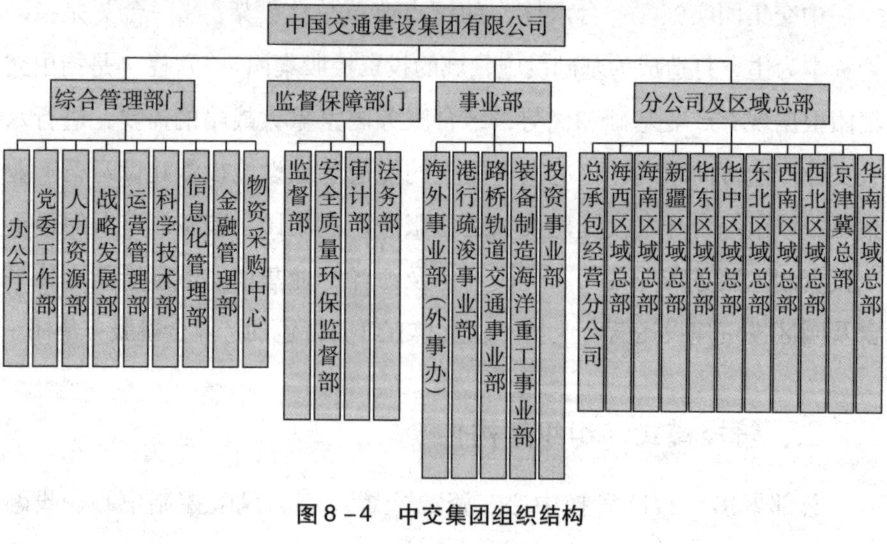

图8-4 中交集团组织结构

三、国有资本投资平台

中交金融控股公司作为集团资本化运作平台，并在其名下设立信托公司、保险公司、证券公司、基金管理公司（公募）等金融机构。对内支撑集团产业发展，统一协调集团内各金融单位资源，发挥各金融平台内部信息优势，设计金融产品对接项目资本，为集团产业提供多元、高效、优质的金融服务支持；对外通过控股或参股银行、保险、证券、信托、（公募）基金、期货、担保、典当、新兴互联网等金融业务，以市场化机制运作发展。

四、增强企业活力

优化公司股权结构。加大集团层面公司制改革力度，积极引入各类投资者，实现股权多元化，形成股权结构多元、股东行为高效、内部约束有效、运行高效灵活的经营机制。

健全法人治理结构。实行市场化的薪酬分配制度。推进混合所有制及员工持股。推进专业化整合。推进区域化整合。探索外部资源整合并购。

根据集团试点改革的基本原则、战略定位、改革发展目标以及“一纲四目”的核心工作思路，确定实施调整优化产业结构布局、优化股权结构、完善治理结构、调整管控结构、推进“三项制度”改革和重塑运营体系等体制机制、推动“瘦身健体”，提质增效、完善改进监督体系、加强和改进党的建设八大方面的改革工作内容。

第五节　招商局集团

一、战略定位（产业布局）

招商局集团以商业成功推动时代进步、建设具有国际竞争力的世界一流企业为发展使命。集中资源发展主业，加强行业趋势分析，优化产业结构。搭建实业经营、金融服务、投资与资本运作三大平台。

主营交通运输及基础设施产业、金融业、房地产业三大产业，整体市场竞争度及市场化运作水平比较高。在金融业务方面，加快创新转型，提升盈利水平，促进银行、证券、基金等金融业务的发展。增持招商银行，推动产融协同和融融协同。在航运业务方面，通过兼并中国外运长航，成立了物流事业部，将中外运物流业务与原招商物流进行整合，提高了航运能力，取得综合竞争优势。在公路业务方面，通过兼并收购与存量股权优化调整相结合，充分利用资本市场调整资产组合，对部分非主控公司股权进行优化，同时提高主控高速公路业务比例，提升路产服务与管理水平。

二、管控模式（组织架构）

招商局集团组织结构如图 8－5 所示。

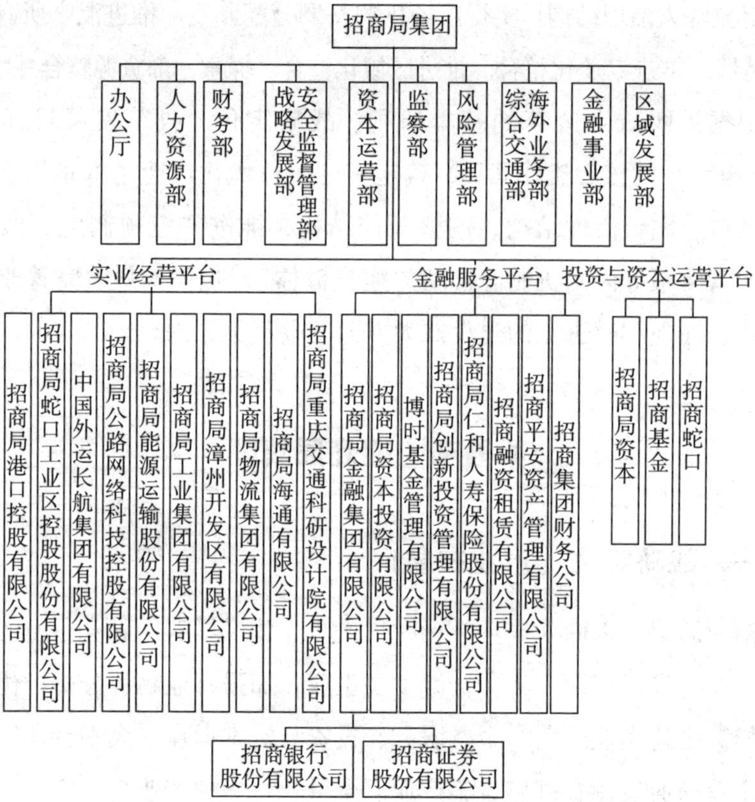

图 8－5　招商局集团组织结构

总部架构进行调整，由原有13个部门调整为11个部门。调整后的集团总部，聚焦战略引领、综合服务和风险管控功能，切实发挥战略管控核心作用。按照“分类管理、合理授权、平台支撑、规则指引”的原则。建立战略管控平台、财务资金运作平台、人力资源综合平台和风险监测控制平台。

总部简政放权，下发管控优化清单，涉及投资管理、财务管理、行政管理和风险管理等18个方面44个事项。通过调整优化，集团总部真正成为战略中心和管控中心，总部管理效率进一步提升，有力地促进了下属企业开展市场经营。

三、国有资本投资平台

集团产融结合平台——招商局资本管理资金规模近200亿元。组建了海工基金、房地产基金、银行不良资产处置基金等，开展了供应链金融业务，探索了融资租赁业务，集团直投业务管理的基金规模近350亿元人民币，推动了实业与金融在产品、机构、功能方面的深度融合。蛇口工业园区通过发行A股股份，以换股吸收合并的方式吸收合并招商地产，同时定增募集不超过150亿元，引入国开金融、鼎晖百孚、华侨城等。

四、增强企业活力

集团内部管理，狠抓降本增效，强化风险管控，通过加强成本费用动态监测预警，推动各业务单位持续提升成本费用管控水平。

按照“强化战略管控、突出业绩导向、创新手段工具”的原则，以集团高级管理人员薪酬管理机制改革为着力点，持续完善内部激励体系及配套的约束机制。

持有国务院国资委划入国新公司的有关中央企业的国有产权并履行出资人职责，配合国务院国资委推进中央企业重组；接收、整合中央企业整体上市后存续企业资产及其他非主业资产，配合中央企业提高主业竞争力；参与中央企业上市、非上市股份制改革；对战略性新兴产业以及关系国家安全和国民经济命脉的其他产业进行辅助性投资。

第六节　保利集团

一、战略定位（产业布局）

保利集团在激烈的市场竞争中，逐步培育发展了五个主业（见图8－6）。军贸业务是国家、军队赋予保利集团的政治使命，为我军装备现代化建设作出了重要贡献，进出口签约额一直排名行业前三位。地产业务销售签约连续多年稳居行业前茅，开发项目遍布国内各主要大中城市，拥有保利地产、保利置业两家上市公司。文化业务已形成演出与剧院管理、艺术品经营与拍卖、电影院线与影院经营三项细分业务，管理剧院数量及艺术品成交额均居国内首位，拥有上市公司保利文化。资源业务在山西和新疆拥有煤炭资源26亿吨、矿井10座，年产能1305

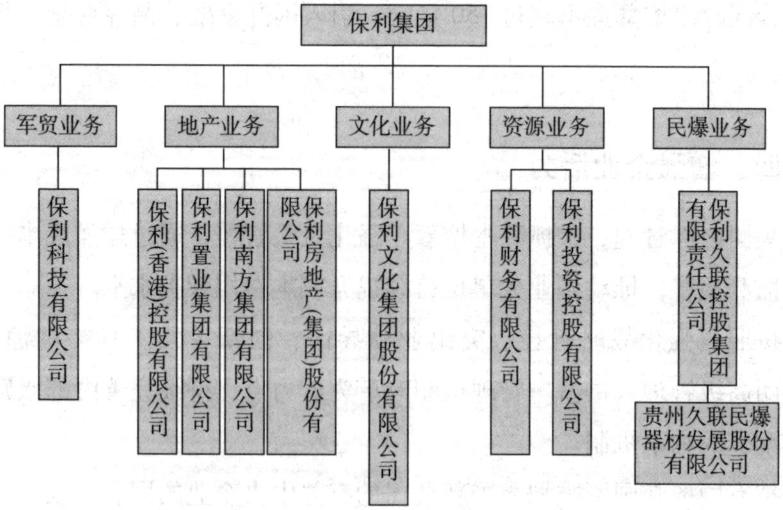

图8－6　保利集团产业板块

万吨。民爆业务自新时代集团重组而来，经过不断培育和发展，目前工业炸药生产凭照居国内首位，拥有上市公司久联发。

二、管控模式（组织架构）

采取战略管控和财务管控相结合的管控模式，以资本经营与资产经营相分离为原则，建立“集团总部资本层—平台公司资产层—生产经营单位执行层”三级架构。①

保利集团总部职能如图 8－7 所示。

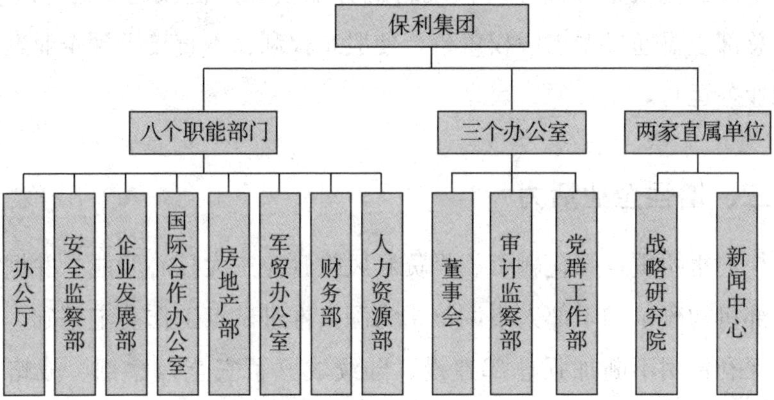

图 8－7　保利集团总部职能

集团总部是资本配置和资本运作中心，主要履行战略管理、股权管理、资本运营、风险管控、监督考核等五大职能，构建以资本为纽带的管控体系。平台公司是生产经营和利润中心，负责制定竞争战略、配置资产和生产运作，对影响运营效率的关键环节进行整体把控，对资产运营的盈利回报负责，接受集团的预算和考核。在保持集团管控地位的前提下，逐步将其改造成为股权多元化企业。生产经营单位是任务执行层，负责业务具体生产运营，包括材料采购、生产组织、市场营销、成

① 周丽莎，支东升，刘乌兰，等. 国有资本投资公司模式研究［C］//中国企业改革发展优秀成果 2018（第二届）上卷，2018.

本管理等。

调整优化总部机构。重点加强融资、投资、风控三大功能建设，确保资金筹得到、投得出、管得住，切实提高国有资本运营效率和效益，并对总部机构进行调整优化：将相关联、同类型职能归并到一个大的管理部门，优化职能架构，合理配备人员，提升人员素质，着力强化战略投资、资本运营（资金筹措）、风险管控等重要职能。

调整母子公司管控权限。保利集团总部根据各平台公司资产规模、经济效益和管理水平等分别进行授权，逐步将选人用人权、资产配置权、生产经营权、考核评价权及薪酬分配权等关键权力归位于出资企业，总部主要通过派出股权董事行使股东权利，不直接干预企业经营决策和业务运营。

三、增强企业活力

保利集团重点强化融资、投资和风险管控三大核心职能，并据此完成总部机构改革和干部人事调整，为深入推进试点工作奠定基础。

保利集团不断加强总部建设，陆续成立了安全监察部、战略研究院、新闻中心等职能部门。在国有投资公司试点获批以后，为适应试点工作需要，按照资本投资特点，将集团总部确定为资本配置和资本运作中心，主要履行战略管理、股权管理、资本运营、风险管控、监督考核等职责，而将产业经营职能下沉到下属企业。据此，保利集团对内部机构进行了调整优化，确定了“5 中心 +3 办公室 +2 直属单位”的格局，将相关联、同类型职能归并到一个大的管理部门，成立行政管理、战略投资、财务金融、风险管理、人力资源等五大职能中心及相关部室，成立了董事会、纪检监察和党群三个办公室以及战略研究院、新闻中心两个直属单位，提高国有资本运营效率和效益。

第七节　中国五矿

一、战略定位（产业布局）

以五矿中冶战略重组为契机，对中国五矿的业务架构进行全面梳理，建立14个战略业务单元。积极推进集团总部直接管理上市公司、非上市专业公司、投资融资平台、资产整合平台（14路纵队），战略业务单元直接管理业务单位、矿山、工厂（见图8－8）。

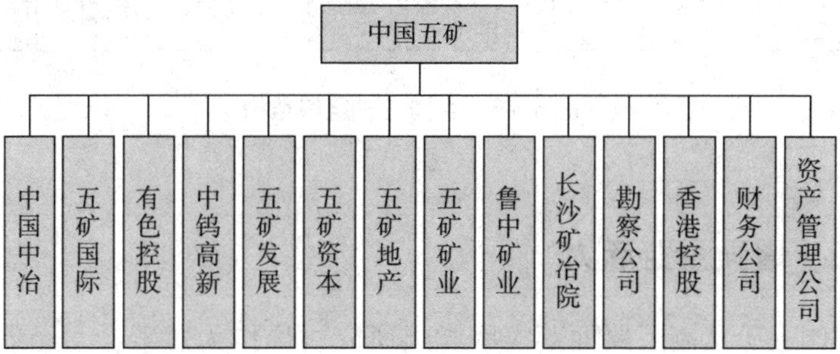

图8－8　中国五矿产业布局

二、管控模式（组织架构）

中国五矿正着力探索以管资本为主，完善母子公司管理体制。按照“小总部、大产业、市场化、专业化”的思路，健全完善集团总部、战略业务单元、生产和业务单位三级管理体制，做精集团总部，做实战略业务单元，做专生产和业务单位。集团总部以资本资产运作为主，是战略投资中心和资本运作中心，重点管战略、管资源配置、管股权、管回报，负责国有资本整体布局和结构优化，对战略业务单元进行授权和监督，着力增强资源配置、资产管理、资本运营、监督和共享等功能。战略业务单元以资产经营为主，是运营统筹中心和利润中心。生产运营单位以执行运营为主，是利润实现单元或成本节约单元（见图 8－9）。

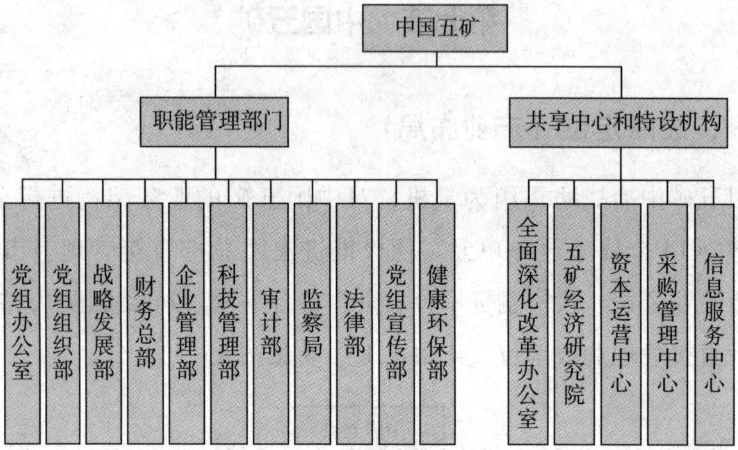

图 8－9　中国五矿组织结构

三、增强企业活力

中国五矿从制度层面落实将党组研究讨论作为董事会、经理层决策重大问题前置程序的要求，制定出台《集团公司党组会、董事会、总经理办公会决策权限管理办法（试行）》及《集团公司党组会、董事会、总经理办公会决策事项权限清单》。该管理办法重点明确了党组会、董事会、总经理办公会决策事项、权限界面及相应的决策流程。该权限清单梳理重大决策事项 145 条，详细区分并明确了党组会讨论决定的重大事项，党组会研究讨论后再经董事会、总经理办公会审议决定的重大事项等。理顺了党组织和企业其他治理主体的关系，为使党组织发挥领导核心作用和政治核心作用组织化、制度化、具体化作出了积极探索。

中国五矿通过放权授权塑造独立市场主体。科学界定集团总部与经营主体权责界面，建立健全集团授权体系，促使战略业务单元真正成为依法自主经营、自负盈亏、自担风险、自我约束、自我发展的独立市场主体。以激发活力、放管结合、有序有效、促进改革为导向，综合考虑企业战略定位、业务类型及规模、管理成熟度等因素，对具备条件的战略业务单元一企一策放权授权，逐步落实直管单位董事会法定职权。合理切分事项权限，在主业规划、项目投资、资产处置、资金预算、选人用人、薪酬分配、考核评价、组织管理、制度管理、运营决策等方面研究授权。授权事项由直管单位董事会依法依规自主决策，并承担相应责任。建立授权评估和动态调整机制，根据授权效果和条件变化，动态调整授权对象和授权内容。目前以五矿发展作为试点，下放了选人用人、薪酬分配等10个方面关键权力。

第八节　上海国盛（集团）有限公司

一、战略定位

上海国盛（集团）有限公司（以下简称“上海国盛集团”）成立于2007年9月，是上海市政府批准成立的大型国有资本投资运营平台公司。2014年，根据上海市委市政府推进国资国企改革的总体部署，承接了建设国资流动平台的任务。经过5年的探索实践，集团“股权注入—资本运作—收益投资”运作模式基本成形。

上海国盛集团以产业投融资为主，兼具国有股权运营功能，成为上海国有股权的持股主体、资源配置的执行通道、产融结合的桥梁纽带、价值管理的操作载体。

二、建设成效

1. 国资运营

一是完成市国资委划转的6家企业部分股权的接受工作，摸索出一套股权接受流程和账务处理模式。二是在特殊市场和政策环境下，运用市场化金融工具，发行可交换公司债和上海国企ETF、上海改革ETF，提升国有上市公司股权的流动性。三是发挥平台资源配置功能，根据支持基础设施建设、确保对重点金融机构控制力等需要，优化国资布局。

2. 投资布局

一是以市场化原则，完成政府交办的民用大飞机、集成电路、军民融合等领域的投资任务，累计完成战略投资逾150亿元。二是参与上海国资系统产业集团改制重组和资本运作，支持企业做强主业、做优品牌。三是以产业投资为特色的基金板块初具规模，已经投资或正在募集的基金有15只。2017年发起设立上海国企改革发展股权投资基金，已投入实质性运作。

3. 改革实践

一是实施下属实业集团市场化重组、存量资产盘整、企业改制清理等工作，盘活资产300多亿元，打造“干净纯粹”的平台。二是支持受托管理的工投集团深化改革，帮助解决历史问题，化解经营风险。三是承担大量职工分流安置、信访稳定及生产安全任务，确保集团运作平稳。四是积极探索具有平台特点的党建新模式，加强党的领导，强化“一岗双责”，党建工作与经营工作同频共振、相得益彰。

三、建设经验

1. 聚焦功能定位，服务上海经济社会发展大局

作为上海地方国资运营平台，上海国盛集团坚持服务国家战略和上海改革发展大局，确保实现市委市政府的战略意图。上海国盛集团积极贯彻落实习近平总书记重要讲话精神以及对标上海提升城市能级和核心竞争力的工作要求，在推动长三角一体化发展、加快建设现代化经济体系、高质量发展实体经济、深化国资国企改革等方面发挥积极作用，发挥对国资国企改革的推动作用、对产业发展的引领作用、对民生改善的支持作用。

2. 注重提升能力，形成平台业务的核心竞争优势

一是坚持改革创新。根据市场环境、任务目标以及标的资产特点，不断创新业务模式，丰富运作工具。二是坚持协调联动。积极争取监管层的指导和支持，统筹协调各合作方的利益关切，努力形成跨系统、跨行业、跨集团的工作合力。三是坚持平稳合规。把确保不发生系统性、颠覆性问题作为底线，强化风险管控，确保依法合规，维护市场稳定。

3. 坚持党的领导，保持和发挥“国有”本色

上海国盛集团充分发挥集团党委把方向、管大局、保落实的作用，努力实现加强党的领导与完善公司治理有机统一，着力打造忠诚、干净、担当、专业的干部人才队伍，加强党风廉政、企业文化、安全稳定各项工作，发挥基层党组织和党员的力量，凝聚共识，团结拼搏，凸显国有企业的政治优势。

第九节　山西省国有资本投资运营有限公司

一、战略定位

山西省国有资本投资运营有限公司（以下简称“山西国投”）是在党中央全面深化国资国企改革的顶层设计下，在国务院国资委指导支持和山西省委省政府部署推动下破茧而生的。习近平总书记在考察山西时指出：“改革要着力解决制约发展的结构性、体制性、素质性矛盾和问题。”2017 年 7 月 27 日，山西国投注册成立，一个月内 22 户省属企业股权划转注入，成为全国第一家省级层面一次性全部划转国有股权的国有资本投资运营公司。

二、建设成效

截至2018年9月底，山西国投注册资本500亿元（全部为省属企业股权划转注入），总资产2.81万亿元，净资产约6750亿元，营业收入9360亿元，利润总额220亿元。特别是公司本部，在没有任何实际资金注入的情况下，累计为山西省属企业提供增信、资产管理、流动性支持超过1300亿元。公司聚焦“试体制、试机制、试模式”，积极探索实践，改革试点取得较大成效。

1. 国有资本授权经营体制基本建立

2017年11月，山西省国资委授予10项职权，为山西国投推进改革试点奠定良好的基础。截至2018年10月末，山西国投共履行股东职权230项，请示报告76项，涉及金额3800亿元。

2. 现代企业治理机制基本确立

初步建立了“三会一层”各负其责、协调运转、有效制衡的现代企业法人治理结构；建立了“三项制度”，即经理层任期制和契约化管理的职业经理人制度、全员市场化用工制度和差异化薪酬分配办法，为建立现代企业制度注入创新活力和创造动力。

3. 国有资本投资运营模式基本成形

围绕“管资本为主”的改革要求，在“两去两提高”上积极探索，为国有资本授权经营体制改革“放得下、接得住”打好基础。“两去”：一是去行政化，充分释放省属企业经营活力；二是去穿透管理，仅在法人治理架构内参与所出资企业本部决策，把属于法人企业的自主经营管理权归位于所出资企业。“两提高”：一是提高市场化、专业化运作能力；二是提高风险管理能力，确保国有资本安全运营。山西国投累计为省属国企提供增信服务620亿元，整合资金110亿元、助力省属国企化解债务风险，盘活存量资产33亿元，促进国有经济安全发展。

三、建设经验

1. 瞄准增量，布局新兴产业，支持国有经济转型发展

一是与深圳市投资控股有限公司签署战略合作协议，联合投资200亿元，建立科技产业园区，导入新兴产业落地山西。二是出资5亿元，参与设立国家国防科技工业军民融合产业投资基金，并拟与中国兵器工业集团联合投资建设“太原军民融合产业园”，对接发展优质军民融合项目。

2. 依托基金，加强资本运营，促进国有资本有序流动

一是发起设立国企改革系列基金，包括43亿元规模的山西省国有企业结构调整基金、10亿元规模的绿色能源基金、50亿元规模的钢铁产业结构调整基金、25亿元规模的现代煤化工基金、50亿元规模的体育文化基金。二是发起30亿元规模的山西省国有企业联合债转股专项基金，配套发行70亿元债转股专项债，助力省属企业降杠杆。三是发起设立山西国企ETF指数基金。据统计，新设及正在设立的基金规模超过230亿元。

3. 激活存量，深化国资改革，增强国有企业发展实力

支持省属国企混合所有制改革。研究提出了混改建议方案，出资协助汾酒集团剥离篮球俱乐部等辅业资产，推进汾酒集团“整体上市”，实现混改目标。同时，以并购的篮球俱乐部为基础，引入中信国安集团战略合作，整合百亿资金，联手打造现代体育产业。推进省属国企剥离医疗资产。制定了省属国企医疗资产整体剥离整合方案，与华润集团合作推进同煤、阳煤及晋煤集团医疗资产剥离重组；以焦煤集团医疗资产为基础、以山大一院为核心，试点打造现代医联体服务体系。

表 8－2 典型国有资本投资、运营公司情况①

	上海国盛	上海国际	重庆渝富	山东国投	广东恒健	四川发展
经营主业	产业投融资、国有股权运营	金融投资运作、产业投融资	土地经营、城市建设、金融控股	投融资、资本运营与资产管理	投资与资本运营、资产管理、金融业	投融资、资产经营与产业投资
战略定位	国有股权持股主体、资源配置通道、产融结合纽带、价值管理载体	国有股权持股主体、国资流动执行主体、国有资本进退流转通道	国有资本运作重要平台；重庆经济转型实现手段	重大产业项目投融资平台、国有产权交易平台、不良资产处置平台	国有经济投融资平台、国有资产管理平台和国有资本运作平台	四川省级金融控股平台、重大资产运营平台、国有资产运营平台
发展战略	发挥资本经营和股权运作的杠杆作用；市场化方法推进战略性投资，促进上海产业结构升级、培育战略性新兴产业	“双轮驱动”战略：国有股权持股主体、国资流动执行主体、国有资本进退流转通道；投资管理：开展资产纵向整合、横向归并与跨系统转让	以金融控股为特征、以产业投资为重点、以基金运作为载体的国有资本运营公司；兼具特定功能与商业竞争性质，以经济效益为主，兼顾社会效益	以“资本运营、战略投资、多元服务”为发展理念，以产业基金、创投基金、策略投资、产权交易、资产管理为服务手段，实现国有资产向国有资本的转变	为省重点项目提供融资服务；推进省属企业资产重组；通过投资参股支持重点项目建设，推进国有资本战略布局调整和产业结构优化	构建金融、矿业、基础设施与地产、酒业、优势产业、国际业务“六大板块”；培育五家上市公司

① 何小钢．国有资本投资运营公司改革与国企监管转型——山东、重庆和广东的案例与经验[J]．经济体制改革，2018(3).

参考文献

[1]国务院国资委改革办. 改革实践——国资国企改革试点案例集[M]. 北京:机械工业出版社,2019.

[2]本书编写组. 国企改革若干问题研究[M]. 北京:中国经济出版社,2017.

[3]国务院国资委改革办. 国企改革探索与实践——地方国有企业100例(上、下)[M]. 北京:中国经济出版社,2018.

[4]国务院国资委改革办. 国企改革探索与实践——中央企业子企业150例(上、下)[M]. 北京:中国经济出版社,2018.

[5]国务院国资委改革办. 国企改革探索与实践——中央企业集团15例[M]. 北京:中国经济出版社,2018.

[6]曹均伟,洪登永. 国外国有资产监督模式的比较与借鉴[J]. 世界经济研究,2007(6).

[7]戴嘉祥. 中外国有资产管理的比较研究[J]. 福建论坛(社科教育版),2009(2).

[8]国务院国有资产监督管理委员会研究室. 探索与研究:国有资产监管和国有企业改革研究报告(2012)[M]. 北京:中国经济出版社, 2013.

[9]国务院国有资产监督管理委员会研究室. 探索与研究:国有资产监管和国有企业改革研究报告(2007)[M]. 北京:中国经济出版社, 2008.

[10]国有资产管体制的国际较研究课题组. 国有资产监管和国有企业改革研究报告[M]. 北京:中国经济出版社,2007.

[11]黄群慧."新国企"是怎样炼成的——中国国有企业改革40年回顾[J]. China Economist,2018,13(1):58-83.

[12]黄速建,金书娟. 中国国有资产管理体制改革30年[J]. 经济管理,

2009(1):23-29.

[13]李艳. 中国国有企业改革与发展的若干思考——以东三省国有企业改革为例[D]. 长春:吉林大学, 2017.

[14]鲁桐,党印. 改善国有企业公司治理:国际经验及其启示 [J]. 国际经济评论,2015(4).

[15]罗仲伟. 中国国有企业改革:方法论和策略 [J]. 中国工业经济,2009(1).

[16]闵乐. 中国国有资产管理体制改革研究[D]. 沈阳:辽宁大学,2016.

[17]戚聿东,肖旭. 新中国70年国有企业制度建设的历史进程、基本经验与未竟使命[J]. 经济与管理研究,2019,40(10):3-15.

[18]齐守印,何碧萍. 关于国有资产管理体制的理论辨析、逻辑结构、国外经验与总体建构目标[J]. 当代经济管理,2019(10).

[19]《企业管理》采编中心. 国企改革40年回眸[J]. 企业管理,2018(12):9-14.

[20]邵宁. 国有企业改革实录(1998—2008)[M]. 北京:经济科学出版社,2014.

[21]宋方敏. 我国国有企业产权制度改革的探索与风险[J]. 政治经济学评论, 2019(1).

[22]宋嘉宁. 治理理论视角下的我国经营性国有资产管理体制改革研究[D]. 北京:中国财政科学研究院, 2017.

[23]田轩,等. 2018年中国CVC行业发展报告[R]. 清华大学国家金融研究院创业金融与经济增长研究中心、全球并购重组研究中心、创业邦联合课题组, 2019.

[24]武立东,黄海昕,王凯. 企业集团治理研究[M]. 北京:高等教育出版社, 2014.

[25]吴茂见. 国有控股公司治理法规问题研究[D]. 重庆:重庆大学,2007.

[26]武立东,王凯,杨军节,等. 中国铝业公司多元化战略转型与企业集团治理结构变革[R]. 中国管理案例共享中心, 2014.

[27]杨超,谢志华,敖小波．我国国有企业法人治理体系的演进与国外经验借鉴[J]．北京工商大学学报(社会科学版),2016(3).

[28]杨鹏．我国国有资产管理体制变革研究[D]．长春:东北师范大学,2015.

[29]姚彦华．国有资产管理存在的问题及对策[J]．全国流通经济,2019(5).

[30]张宝才．国有资产管理的国际比较探究[J]．中国国际财经(中英文),2017(23).

[31]郑国洪．国有资产管理体制问题研究[M]．北京:中国检察出版社,2010.

[32] BIRKINSHAW J. Corporate entrepreneurship in network organizations: How subsidiary initiative drives internal market efficiency[J]. European Management Journal, 1998(16):355 – 365.

[33]GOOLD M, CAMPBELL A. Strategies and styles: The role of the cent in managing diversified corporations[M]. Basil Blackwell, 1987.

[34]MiLES R E, SNOW C C. Organizational strategy, structure and process[M]. New York:McGraw – Hill,1978.

[35]VANICL R F. Decentralization, managerial ambiguity by design:A research study and report[J/OL]. http://www. getcited. org/pub/101982372. 1979.

附　录

国务院国资委以管资本为主推进职能转变方案

国务院国资委

党的十八大以来，国务院国资委认真贯彻落实党中央、国务院关于深化国有企业改革的决策部署，准确把握国有资产监管机构的出资人代表职责定位，坚定不移深化国有企业改革，探索完善国有资产监管体制机制，积极推进国有企业结构调整、创新发展，为实现国有资产保值增值、防止国有资产流失、发展壮大国有经济作出了积极贡献。但与此同时，国有资产监督机制尚不健全，国有资产监管中越位、缺位、错位问题依然存在，亟须加快调整优化监管职能和方式，推进国有资产监管机构职能转变，进一步提高国有资本运营和配置效率。按照《中共中央 国务院关于深化国有企业改革的指导意见》《国务院关于改革和完善国有资产管理体制的若干意见》（国发〔2015〕63 号）有关要求，制定本方案。

一、总体要求

1. 指导思想

全面贯彻党的十八大和十八届二中、三中、四中、五中、六中全会精神，深入学习贯彻习近平总书记系列重要讲话精神和治国理政新理念新思想新战略，坚持党的领导不动摇，统筹推进“五位一体”总体布局和协调推进“四个全面”战略布局，牢固树立和贯彻落实创新、协调、绿色、开放、共享的发展理念，按照深化简政放权、放管结合、优化服务改革的要求，依法履行职责，以管资本为主加强国有资产监管，以提高国有资本效率、增强国有企业活力为中心，明确监管重点，精简监管事项，优化部门职能，改进监管方式，全面加强党的建设，进一步提高监管的科学性、针对性和有效性，加快实现以管企业为主向以管资本为主的转变。

2. 基本原则

坚持准确定位。按照政企分开、政资分开、所有权与经营权分离要求，科学界定国有资产出资人监管的边界，国务院国资委作为国务院直属特设机构，根据授权代表国务院依法履行出资人职责，专司国有资产监管，不行使社会公共管理职能，不干预企业依法行使自主经营权。

坚持依法监管。按照有关法律法规规定，建立和完善出资人监管的权力和责任清单，健全监管制度体系，重点管好国有资本布局、规范资本运作、提高资本回报、维护资本安全。全面加强国有资产监督，充实监督力量，完善监督机制，严格责任追究，切实防止国有资产流失。

坚持搞活企业。遵循市场经济规律和企业发展规律，突出权责一致，确保责任落实，将精简监管事项与完善国有企业法人治理结构相结合，依法落实企业法人财产权和经营自主权，激发企业活力、创造力和市场竞争力，打造适应市场竞争要求、以提高核心竞争力和资源配置效率为目标的现代企业。

坚持提高效能。明确国有资产监管重点，调整优化监管职能配置和组织设置，改进监管方式和手段，整合监管资源，优化监管流程，提高监管效率，加强监管协同，推进监管信息共享和动态监管，实现依法监管、分类监管、阳光监管。

坚持党的领导。坚持党对国有企业政治领导、思想领导、组织领导的有机统一，发挥国有企业党组织的领导核心和政治核心作用，把方向、管大局、保落实。健全完善党建工作责任制，落实党建工作主体责任，为国有企业改革发展提供坚强有力的政治保证、组织保证和人才支撑。

二、调整优化监管职能

按照职权法定、规范行权的要求，调整、精简、优化监管职能，将强化出资人监管与落实管党治党责任相结合、落实保值增值责任与搞活企业相结合，做好整合监管职能与优化机构设置的衔接，强化3项管资本职能，精简43项监管事项，整合三方面相关职能。加大简政放权力度，更好维护企业市场主体地位，推动完善现代企业制度，健全各司其职、各负其责、协调运转、有效制衡的国有企业法人治理结构。坚持权力和责任相统一、相匹配，层层建立权力和责任清单，确保企业接住管好精简的监管事项，体现国资监管要求，落实保值增值责任。按照全面从严治党战略部署，严格落实管党治党责任，全面加强国有企业党的建设，保证党和国家方针政策、重大部署在国有企业贯彻执行。

1. 强化管资本职能，落实保值增值责任

完善规划投资监管。服从国家战略和重大决策，落实国家产业政策和重点产业发展总体要求，调整优化国有资本布局，加大对中央企业投资的规划引导力度，加强对发展战略和规划的审核，制定并落实中央企业国有资本布局结构整体规划。改进投资监管方式，通过制定中央企业投资负面清单、强化主业管理、核定非主业投资比例等方式，管好投资方向，根据投资负面清单探索对部分企业和投资项目实施特别监管制度。落实企业投资主体责任，完善投资监管制度，开展投资项目第三方评估，防止重大违规投资，依法依规追究违规责任。加强对中央企业国际化经营的指导，强化境外投资监管体系建设，加大审核把关力度，严控投资风险。

突出国有资本运营。围绕服务国家战略目标和优化国有资本布局结构，推动国有资本优化配置，提升国有资本运营效率和回报水平。牵头改组组建国有资本投资、运营公司，实施资本运作，采取市场化方式推动设立国有企业结构调整基金、国有资本风险投资基金、中央企业创新发展投资引导基金等相关投资基金。建立健全国有资本运作机制，组

织、指导和监督国有资本运作平台开展资本运营，鼓励国有企业追求长远收益，推动国有资本向关系国家安全、国民经济命脉和国计民生的重要行业和关键领域、重点基础设施集中，向前瞻性战略性产业集中，向具有核心竞争力的优势企业集中。

强化激励约束。实现业绩考核与薪酬分配协同联动，进一步发挥考核分配对企业发展的导向作用，实现“业绩升、薪酬升，业绩降、薪酬降”。改进考核体系和办法，突出质量效益与推动转型升级相结合，强化目标管理、对标考核、分类考核，对不同功能定位、不同行业领域、不同发展阶段的企业实行差异化考核。严格贯彻落实国有企业负责人薪酬制度改革相关政策，建立与选任方式相匹配、与企业功能性质相适应、与经营业绩相挂钩的差异化薪酬分配办法。

2. 加强国有资产监督，防止国有资产流失

坚持出资人管理和监督的有机统一。健全规范国有资本运作、防止国有资产流失的监管制度，加强对制度执行情况的监督检查。增加监督专门力量，分类处置和督办发现的问题，组织开展国有资产重大损失调查，形成发现、调查、处理问题的监督工作闭环。进一步强化监督成果在业绩考核、薪酬分配、干部管理等方面的运用。

强化外派监事会监督。进一步加强和改进监事会监督，完善监督工作体制机制，明确外派监事会由政府派出、作为出资人监督专门力量的职责定位。突出监督重点，围绕企业财务和重大决策、运营过程中可能造成国有资产流失的事项和关键环节以及董事会和经理层依法依规履职情况等重点，着力强化当期和事中监督。改进监事会监督方式，落实外派监事会纠正违规决策、罢免或者调整领导人员的建议权，建立外派监事会可追溯、可量化、可考核、可问责的履职记录制度，提升监督效能。

严格落实责任。建立健全违法违规经营投资责任追究制度体系，完善责任倒查和追究机制，构建权责清晰、约束有效的经营投资责任体系。加大对违法违规经营投资责任的追究力度，综合运用组织处理、经

济处罚、禁入限制、党纪政纪处分和追究刑事责任等手段，依法依规查办违法违规经营投资导致国有资产重大损失的案件。

3. 精简监管事项，增强企业活力

取消一批监管事项。严格按照出资关系界定监管范围。减少对企业内部改制重组的直接管理，不再直接规范上市公司国有股东行为，推动中央企业严格遵守证券监管规定。减少薪酬管理事项，取消中央企业年金方案、中央企业子企业分红权激励方案审批，重点加强事后备案和规范指导。减少财务管理事项，取消与借款费用、股份支付、应付债券等会计事项相关的会计政策和会计估计变更事前备案，重点管控企业整体财务状况。取消中央企业职工监事选举结果、工会组织成立和工会主席选举等事项审批，由企业依法自主决策。

下放一批监管事项。将延伸到中央企业子企业和地方国有企业的管理事项，原则上归位于企业集团和地方国资委。将中央企业所持有部分非上市股份有限公司的国有股权管理方案和股权变动事项，企业集团内部国有股东所持有上市公司股份流转、国有股东与上市公司非重大资产重组、国有股东通过证券交易系统转让一定比例或数量范围内所持有上市公司股份等事项以及中央企业子企业股权激励方案的审批权限，下放给企业集团。国有企业要进一步明确各治理主体行权履职边界，层层落实责任，确保国有资产保值增值。落实国家所有、分别代表原则，将地方国有上市公司的国有股权管理事项的审批权限下放给省级国资委。

授权一批监管事项。结合落实董事会职权等试点工作，将出资人的部分权利授权试点企业董事会行使，同时健全完善制度规范，切实加强备案管理和事后监督。依法将中央企业五年发展战略规划制定权授予试点企业董事会，进一步落实试点企业董事会对经理层成员选聘、业绩考核、薪酬管理以及企业职工工资总额管控、重大财务事项管理的职权，充分发挥董事会的决策作用。试点企业董事会要进一步健全和规范决策制度，明确授权事项在企业内部的决策、执行、监督机制，落实相应责任，严格责任追究。

移交一批社会公共管理事项。落实政资分开原则，立足国有资产出资人代表职责定位，全面梳理配合承担的社会公共管理职能，结合工作实际，提出分类处理建议，交由相关部门和单位行使。

4. 整合相关职能，提高监管效能

整合国有企业改革职能。对承担的企业重组整合、结构优化、改制上市、规范董事会建设以及解决历史遗留问题等职能进行统筹整合，集中力量加大对改革改制、管理创新和商业模式创新的指导服务力度，加快完善现代企业制度。

整合经济运行监测职能。集中统一开展财务动态监测和经济运行分析，综合分析行业与企业情况、经营与财务情况，及时、准确提供运行数据，全面掌握中央企业运行状况，为国家宏观调控和国有资产监管工作提供基础支撑。

整合推动科技创新职能。明确中央企业科技创新方向和重点任务，整合新兴产业培育、知识产权保护、企业品牌建设等职能，推动企业完善技术创新体系，组建产业协同发展平台，协调落实重大科技政策和项目，更好发挥中央企业在大众创业、万众创新中的引领带动作用。

5. 全面加强党的建设，强化管党治党责任

建立健全党建工作责任制。强化中央企业党建工作考核，落实“四同步”“四对接”要求，加强基层党组织和党员队伍建设，保证党组织工作机构健全、党务工作者队伍稳定、党组织和党员作用得到有效发挥。注重加强混合所有制企业党建工作。

加强党的领导与完善公司治理相统一。明确和落实党组织在国有企业法人治理结构中的法定地位，把党建工作总体要求写入公司章程，健全党组织参与重大问题决策的规则和程序，使党组织发挥作用组织化、制度化、具体化。处理好党组织和其他治理主体的关系，明确权责边界，做到无缝衔接。

坚持党管干部原则与市场化机制相结合。保证党对干部人事工作的领导权和对重要干部的管理权，严格执行国有企业领导人员对党忠诚、勇于创新、治企有方、兴企有为、清正廉洁的选任标准，党组织要在确定标准、规范程序、参与考察、推荐人选等方面把好关，按照市场规律对经理层进行管理，建立科学合理的考核评价体系，为国有企业领导人员树立正向激励的鲜明导向。

加大纪检监察工作力度。深入推进党风廉政建设和反腐败斗争。认真落实《中国共产党问责条例》等规定，加大对中央企业党委（党组）和党员领导人员履行管党治党责任不力的问责力度。对国务院国资委党委管理主要负责人的中央企业开展巡视监督，加强对中央企业开展内部巡视的领导和指导。

三、改进监管方式手段

按照事前制度规范、事中跟踪监控、事后监督问责的要求，积极适应监管职能转变和增强企业活力、强化监督管理的需要，创新监管方式和手段，更多采用市场化、法治化、信息化监管方式，提高监管的针对性、实效性。

1. 强化依法监管

严格依据《公司法》《企业国有资产法》《企业国有资产监督管理暂行条例》等法律法规规定的权限和程序行权履职。健全完善国有资产监管法规制度体系，建立出资人监管的权力和责任清单，清单以外的事项由企业依法自主决策。加强公司章程管理，规范董事会运作，严格选派、管理股东代表和董事、监事，注重通过国有企业法人治理结构依法履行出资人职责。

2. 实施分类监管

针对商业类和公益类国有企业的不同战略定位和发展目标，研究制定差异化的监管目标、监管重点和监管措施，因企施策推动企业改革发展，促进经济效益和社会效益有机统一。在战略规划制定、资本运作模式、人员选用机制、经营业绩考核等方面，实施更加精准有效的分类监管。

3. 推进阳光监管

依法推进国有资产监管信息公开，主动接受社会监督。健全信息公开制度，加强信息公开平台建设，依法向社会公开国有资本整体运营情况、企业国有资产保值增值及经营业绩考核总体情况、国有资产监管制度和监督检查情况。指导中央企业加大信息公开力度，依法依规公开治理结构、财务状况、关联交易、负责人薪酬等信息，积极打造阳光企业。

4. 优化监管流程

按照程序简化、管理精细、时限明确的原则，深入推进分事行权、分岗设权、分级授权和定期轮岗，科学设置内设机构和岗位职责权限，确保权力运行协调顺畅。推进监管信息化建设，整合信息资源，统一工作平台，畅通共享渠道，健全中央企业产权、投资、财务等监管信息系统，实现动态监测，提升整体监管效能。

四、切实抓好组织实施

国务院国资委要依据本方案全面梳理并优化调整具体监管职能，相应调整内设机构，明确取消、下放、授权的监管事项，加快制定出资人监管的权力和责任清单，按程序报批后向社会公开。要坚持试点先行，结合企业实际，继续推进简政放权、放管结合、优化服务改革，分类放权、分步实施，确保放得下、接得住、管得好。要积极适应职能转变要求，及时清理完善涉及的国有资产监管法规和政策文件。

各地区可参照本方案要求，结合实际情况，制定本地区国有资产监管机构的职能转变方案。

附件：精简的国资监管事项（共 43 项）

附件

精简的国资监管事项（共43项）

1. 取消事项（共26项）

序号	事项内容
1	直接规范上市公司国有股东行为
2	指导中央企业评估机构选聘
3	中央企业境外产权管理状况检查
4	审批中央企业子企业分红权激励方案
5	审批中央企业年金方案
6	审批中央企业重组改制中离退休和内退人员相关费用预提方案
7	审批中央企业住房补贴整体方案和负责人异地调动住房补贴方案
8	对中央企业账销案存的事前备案
9	与借款费用、股份支付、应付债券等12个会计事项相关的会计政策和会计估计变更事前备案
10	指导中央企业内部资源整合与合作
11	联合开展全国企业管理现代化创新成果评审和推广
12	指导地方国有企业重组改制上市管理
13	指导中央企业所属科研院所等事业单位改制
14	审批中央企业职工监事选举结果
15	指导中央企业内设监事会工作
16	中央企业职工董事履职管理
17	组织中国技能大赛、中央企业职工技能比赛
18	批复中央企业工会组织成立和工会主席选举有关事项
19	评比表彰中央企业企业文化示范单位
20	指导地方国资委新闻宣传工作
21	直接开展中央企业高级政工师任职资格评定
22	要求中介机构提供对中央企业国有资本经营决算的审计报告
23	指导和监督中央企业开展全员业绩考核工作
24	中央企业信息工作评价
25	中央企业信息化水平评价
26	指导中央企业档案工作

2. 下放事项（共9项）

序号	事项内容
1	审批地方国资委监管企业的上市公司国有股权管理事项
2	审批中央企业所持有非上市股份有限公司的国有股权管理方案和股权变动事项（主业涉及国家安全和国民经济命脉的重要行业和关键领域、主要承担重大专项任务的子企业除外）
3	审批中央企业子企业股权激励方案
4	审批国有股东通过证券交易系统转让一定比例或数量范围内所持有上市公司股份事项
5	审批本企业集团内部的国有股东所持有上市公司股份的无偿划转、非公开协议转让事项
6	审批未导致国有控股股东持股比例低于合理持股比例的公开征集转让、国有股东发行可交换公司债券及所控股上市公司发行证券事项
7	审批国有参股股东所持有上市公司国有股权公开征集转让、发行可交换公司债券事项
8	审批未导致上市公司控股权转移的国有股东通过证券交易系统增持、协议受让、认购上市公司发行股票等事项
9	审批未触及证监会规定的重大资产重组标准的国有股东与所控股上市公司进行资产重组事项

3. 授权事项（共8项）

序号	事项内容
1	制定中央企业五年发展战略规划和年度投资计划
2	经理层成员选聘
3	经理层成员业绩考核
4	经理层成员薪酬管理
5	职工工资总额审批
6	中央企业子企业以非公开协议方式增资及相应的资产评估
7	国有参股企业与非国有控股上市公司重组
8	大额预算外捐赠、重大担保管理和债务风险管控

注：①本表适用于国务院国资委监管范围内中央企业。

②下放事项中，第1项下放给地方国资委，第2、3项下放给中央企业，第4—9项下放给国家出资企业。

③授权事项将根据企业实际情况，授予落实董事会职权试点企业，国有资本投资、运营公司试点企业。

国务院关于推进国有资本投资、运营公司改革试点的实施意见

国发〔2018〕23号

各省、自治区、直辖市人民政府，国务院各部委、各直属机构：

改组组建国有资本投资、运营公司，是以管资本为主改革国有资本授权经营体制的重要举措。按照《中共中央 国务院关于深化国有企业改革的指导意见》《国务院关于改革和完善国有资产管理体制的若干意见》有关要求和党中央、国务院工作部署，为加快推进国有资本投资、运营公司改革试点工作，现提出以下实施意见。

一、总体要求

1. 指导思想

全面贯彻党的十九大和十九届二中、三中全会精神，以习近平新时代中国特色社会主义思想为指导，坚持社会主义市场经济改革方向，坚定不移加强党对国有企业的领导，着力创新体制机制，完善国有资产管理体制，深化国有企业改革，促进国有资产保值增值，推动国有资本做强做优做大，有效防止国有资产流失，切实发挥国有企业在深化供给侧结构性改革和推动经济高质量发展中的带动作用。

2. 试点目标

通过改组组建国有资本投资、运营公司，构建国有资本投资、运营主体，改革国有资本授权经营体制，完善国有资产管理体制，实现国有资本所有权与企业经营权分离，实行国有资本市场化运作。发挥国有资本投资、运营公司平台作用，促进国有资本合理流动，优化国有资本投向，向重点行业、关键领域和优势企业集中，推动国有经济布局优化和

结构调整，提高国有资本配置和运营效率，更好服务国家战略需要。试点先行，大胆探索，及时研究解决改革中的重点难点问题，尽快形成可复制、可推广的经验和模式。

3. 基本原则

坚持党的领导。建立健全中国特色现代国有企业制度，把党的领导融入公司治理各环节，把企业党组织内嵌到公司治理结构之中，明确和落实党组织在公司法人治理结构中的法定地位，充分发挥党组织的领导作用，确保党和国家方针政策、重大决策部署的贯彻执行。

坚持体制创新。以管资本为主加强国有资产监管，完善国有资本投资运营的市场化机制。科学合理界定政府及国有资产监管机构，国有资本投资、运营公司和所持股企业的权利边界，健全权责利相统一的授权链条，进一步落实企业市场主体地位，培育具有创新能力和国际竞争力的国有骨干企业。

坚持优化布局。通过授权国有资本投资、运营公司履行出资人职责，促进国有资本合理流动，优化国有资本布局，使国有资本投资、运营更好地服务于国家战略目标。

坚持强化监督。正确处理好授权经营和加强监督的关系，明确监管职责，构建并强化政府监督、纪检监察监督、出资人监督和社会监督的监督体系，增强监督的协同性、针对性和有效性，防止国有资产流失。

二、试点内容

1. 功能定位

国有资本投资、运营公司均为在国家授权范围内履行国有资本出资人职责的国有独资公司，是国有资本市场化运作的专业平台。公司以资本为纽带、以产权为基础依法自主开展国有资本运作，不从事具体生产经营活动。国有资本投资、运营公司对所持股企业行使股东职责，维护股东合法权益，以出资额为限承担有限责任，按照责权对应原则切实承担优化国有资本布局、提升国有资本运营效率、实现国有资产保值增值等责任。

国有资本投资公司主要以服务国家战略、优化国有资本布局、提升产业竞争力为目标，在关系国家安全、国民经济命脉的重要行业和关键领域，按照政府确定的国有资本布局和结构优化要求，以对战略性核心业务控股为主，通过开展投资融资、产业培育和资本运作等，发挥投资引导和结构调整作用，推动产业集聚、化解过剩产能和转型升级，培育核心竞争力和创新能力，积极参与国际竞争，着力提升国有资本控制力、影响力。

国有资本运营公司主要以提升国有资本运营效率、提高国有资本回报为目标，以财务性持股为主，通过股权运作、基金投资、培育孵化、价值管理、有序进退等方式，盘活国有资产存量，引导和带动社会资本共同发展，实现国有资本合理流动和保值增值。

2. 组建方式

按照国家确定的目标任务和布局领域，国有资本投资、运营公司可采取改组和新设两种方式设立。根据国有资本投资、运营公司的具体定位和发展需要，通过无偿划转或市场化方式重组整合相关国有资本。

划入国有资本投资、运营公司的资产，为现有企业整体股权（资产）或部分股权。股权划入后，按现行政策加快剥离国有企业办社会职能和解决历史遗留问题，采取市场化方式处置不良资产和业务等。股权划入涉及上市公司的，应符合证券监管相关规定。

3. 授权机制

按照国有资产监管机构授予出资人职责和政府直接授予出资人职责两种模式开展国有资本投资、运营公司试点。

（1）国有资产监管机构授权模式。政府授权国有资产监管机构依法对国有资本投资、运营公司履行出资人职责；国有资产监管机构根据国有资本投资、运营公司具体定位和实际情况，按照“一企一策”原则，授权国有资本投资、运营公司履行出资人职责，制定监管清单和责任清单，明确对国有资本投资、运营公司的监管内容和方式，依法落实国有资本投资、运营公司董事会职权。国有资本投资、运营公司对授权范围内的国有资本履行出资人职责。国有资产监管机构负责对国有资本投资、运营公司进行考核和评价，并定期向本级人民政府报告，重点说明所监管国有资本投资、运营公司贯彻国家战略目标、国有资产保值增值等情况。

（2）政府直接授权模式。政府直接授权国有资本投资、运营公司对授权范围内的国有资本履行出资人职责。国有资本投资、运营公司根据授权自主开展国有资本运作，贯彻落实国家战略和政策目标，定期向政府报告年度工作情况，重大事项及时报告。政府直接对国有资本投资、运营公司进行考核和评价等。

4. 治理结构

国有资本投资、运营公司不设股东会，由政府或国有资产监管机构行使股东会职权，政府或国有资产监管机构可以授权国有资本投资、运营公司董事会行使股东会部分职权。按照中国特色现代国有企业制度的要求，国有资本投资、运营公司设立党组织、董事会、经理层，规范公司治理结构，建立健全权责对等、运转协调、有效制衡的决策执行监督机制，充分发挥党组织的领导作用、董事会的决策作用、经理层的经营管理作用。

（1）党组织。把加强党的领导和完善公司治理统一起来，充分发挥党组织把方向、管大局、保落实的作用。坚持党管干部原则与董事会依法产生、董事会依法选择经营管理者、经营管理者依法行使用人权相结合。按照“双向进入、交叉任职”的原则，符合条件的党组织领导班子成员可以通过法定程序进入董事会、经理层，董事会、经理层成员中符合条件的党员可以依照有关规定和程序进入党组织领导班子。党组织书记、董事长一般由同一人担任。对于重大经营管理事项，党组织研究讨论是董事会、经理层决策的前置程序。国务院直接授权的国有资本投资、运营公司，应当设立党组。纪检监察机关向国有资本投资、运营公司派驻纪检监察机构。

（2）董事会。国有资本投资、运营公司设立董事会，根据授权，负责公司发展战略和对外投资，经理层选聘、业绩考核、薪酬管理，向所持股企业派出董事等事项。董事会成员原则上不少于9人，由执行董事、外部董事、职工董事组成。保障国有资本投资、运营公司按市场化方式选择外部董事等权利，外部董事应在董事会中占多数，职工董事由职工代表大会选举产生。董事会设董事长1名，可设副董事长。董事会下设战略与投资委员会、提名委员会、薪酬与考核委员会、审计委员会、风险控制委员会等专门委员会。专门委员会在董事会授权范围内开展相关工作，协助董事会履行职责。

国有资产监管机构授权的国有资本投资、运营公司的执行董事、外部董事由国有资产监管机构委派。其中，外部董事由国有资产监管机构根据国有资本投资、运营公司董事会结构需求，从专职外部董事中选择合适人员担任。董事长、副董事长由国有资产监管机构从董事会成员中指定。

政府直接授权的国有资本投资、运营公司执行董事、外部董事（股权董事）由国务院或地方人民政府委派，董事长、副董事长由国务院或地方人民政府从董事会成员中指定。其中，依据国有资本投资、运营公司职能定位，外部董事主要由政府综合管理部门和相关行业主管部门提名，选择专业人士担任，由政府委派。外部董事可兼任董事会下属专门委员会主席，按照公司治理结构的议事规则对国有资本投资、运营公司的重大事项发表相关领域专业意见。

政府或国有资产监管机构委派外部董事要注重拓宽外部董事来源，人员选择要符合国有资本投资、运营公司定位和专业要求，建立外部董事评价机制，确保充分发挥外部董事作用。

(3) 经理层。国有资本投资、运营公司的经理层根据董事会授权负责国有资本日常投资运营。董事长与总经理原则上不得由同一人担任。

国有资产监管机构授权的国有资本投资、运营公司党组织隶属中央、地方党委或国有资产监管机构党组织管理，领导班子及其成员的管理，以改组的企业集团为基础，根据具体情况区别对待。其中，由中管企业改组组建的国有资本投资、运营公司，领导班子及其成员由中央管理；由非中管的中央企业改组组建或新设的国有资本投资、运营公司，领导班子及其成员的管理按照干部管理权限确定。

政府直接授权的国有资本投资、运营公司党组织隶属中央或地方党委管理，领导班子及其成员由中央或地方党委管理。

国有资本投资、运营公司董事长、董事（外部董事除外）、高级经理人员，原则上不得在其他有限责任公司、股份有限公司或者其他经济组织兼职。

5. 运行模式

(1) 组织架构。国有资本投资、运营公司要按照市场化、规范化、专业化的管理导向，建立职责清晰、精简高效、运行专业的管控模式，分别结合职能定位具体负责战略规划、制度建设、资源配置、资本运营、财务监管、风险管控、绩效评价等事项。

(2) 履职行权。国有资本投资、运营公司应积极推动所持股企业建立规范、完善的法人治理结构，并通过股东大会表决、委派董事和监事等方式行使股东权利，形成以资本为纽带的投资与被投资关系，协调和引导所持股企业发展，实现有关战略意图。国有资本投资、运营公司委派的董事、监事要依法履职行权，对企业负有忠实义务和勤勉义务，切实维护股东权益，不干预所持股企业日常经营。

(3) 选人用人机制。国有资本投资、运营公司要建立派出董事、监事候选人员库，由董事会下设的提名委员会根据拟任职公司情况提出差额适任人选，报董事会审议、任命。同时，要加强对派出董事、监事的业务培训、管理和考核评价。

(4) 财务监管。国有资本投资、运营公司应当严格按照国家有关财务制度规定，加强公司财务管理，防范财务风险。督促所持股企业加强财务管理，落实风险管控责任，提高运营效率。

(5) 收益管理。国有资本投资、运营公司以出资人身份，按照有关法律法规和公司章程，对所持股企业的利润分配进行审议表决，及时收取分红，并依规上交国有资本收益和使用管理留存收益。

(6) 考核机制。国有资本投资公司建立以战略目标和财务效益为主的管控模式，对所持股企业考核侧重于执行公司战略和资本回报状况。国有资本运营公司建立财务管控模式，对所持股企业考核侧重于国有资本流动和保值增值状况。

6. 监督与约束机制

(1) 完善监督体系。整合出资人监管和审计、纪检监察、巡视等监督力量，建立监督工作会商机制，按照事前规范制度、事中加强监控、事后强化问责的原则，加强对国有资本投资、运营公司的统筹监督，提高监督效能。纪检监察机构加强对国有资本投资、运营公司党组织、董事会、经理层的监督，强化对国有资本投资、运营公司领导人员廉洁从业、行使权力等的监督。国有资本投资、运营公司要建立内部常态化监督审计机制和信息公开制度，加强对权力集中、资金密集、资源富集、资产聚集等重点部门和岗位的监管，在不涉及国家秘密和企业商业秘密的前提下，依法依规、及时准确地披露公司治理以及管理架构、国有资本整体运营状况、关联交易、企业负责人薪酬等信息，建设阳光国企，主动接受社会监督。

(2) 实施绩效评价。国有资本投资、运营公司要接受政府或国有资产监管机构的综合考核评价。考核评价内容主要包括贯彻国家战略、落实国有资本布局和结构优化目标、执行各项法律法规制度和公司章程，重大问题决策和重要干部任免，国有资本运营效率、保值增值、财务效益等方面。

三、实施步骤

国有资本投资、运营公司试点工作应分级组织、分类推进、稳妥开展，并根据试点进展情况及时总结推广有关经验。中央层面，继续推进国有资产监管机构授权的国有资本投资、运营公司深化试点，并结合本实施意见要求不断完善试点工作。同时推进国务院直接授权的国有资本投资、运营公司试点，选择由财政部履行国有资产监管职责的中央企业以及中央党政机关和事业单位经营性国有资产集中统一监管改革范围内的企业稳步开展。地方层面，试点工作由各省级人民政府结合实际情况组织实施。

四、配套政策

（1）推进简政放权。围绕落实出资人职责的定位，有序推进对国有资本投资、运营公司的放权。将包括国有产权流转等决策事项的审批权、经营班子业绩考核和薪酬管理权等授予国有资本投资、运营公司，相关管理要求和运行规则通过公司组建方案和公司章程予以明确。

（2）综合改革试点。国有资本投资、运营公司所持股国有控股企业中，符合条件的可优先支持同时开展混合所有制改革、混合所有制企业员工持股、推行职业经理人制度、薪酬分配差异化改革等其他改革试点，充分发挥各项改革工作的综合效应。

（3）完善支持政策。严格落实国有企业重组整合涉及的资产评估增值、土地变更登记和国有资产无偿划转等方面税收优惠政策。简化工商税务登记、变更程序。鼓励国有资本投资、运营公司妥善解决历史遗留问题、处置低效无效资产。制定国有资本投资、运营公司的国有资本经营预算收支管理政策。

五、组织实施

加快推进国有资本投资、运营公司改革试点，是深化国有企业改革的重要组成部分，是改革和完善国有资产管理体制的重要举措。国务院国有企业改革领导小组负责国有资本投资、运营公司试点工作的组织协调和督促落实。中央组织部、国家发展改革委、财政部、人力资源社会保障部、国务院国资委等部门按照职责分工制定落实相关配套措施，密切配合、协同推进试点工作。中央层面的国有资本投资、运营公司试点方案，按程序报党中央、国务院批准后实施。

各省级人民政府对本地区国有资本投资、运营公司试点工作负总责，要紧密结合本地区实际情况，制定本地区国有资本投资、运营公司改革试点实施方案，积极稳妥组织开展试点工作。各省级人民政府要将本地区改革试点实施方案报国务院国有企业改革领导小组备案。

国务院关于印发改革国有资本授权经营体制方案的通知

国发〔2019〕9号

按照党中央、国务院关于深化国有企业改革的决策部署，近年来，履行国有资本出资人职责的部门及机构（以下简称“出资人代表机构”）坚持以管资本为主积极推进职能转变，制定并严格执行监管权力清单和责任清单，取消、下放、授权一批工作事项，监管效能有效提升，国有资产管理体制不断完善。但也要看到，政企不分、政资不分的问题依然存在，出资人代表机构与国家出资企业之间权责边界不够清晰，国有资产监管越位、缺位、错位的现象仍有发生，国有资本运行效率有待进一步提高。党中央、国务院对此高度重视，党的十九大明确提出，要完善各类国有资产管理体制，改革国有资本授权经营体制。为贯彻落实党的十九大精神，加快推进国有资本授权经营体制改革，进一步完善国有资产管理体制，推动国有经济布局结构调整，打造充满生机活力的现代国有企业，现提出以下方案。

一、总体要求

1. 指导思想

以习近平新时代中国特色社会主义思想为指导，全面贯彻党的十九大和十九届二中、三中全会精神，坚持和加强党的全面领导，坚持和完善社会主义基本经济制度，坚持社会主义市场经济改革方向，以管资本为主加强国有资产监管，切实转变出资人代表机构职能和履职方式，实现授权与监管相结合、放活与管好相统一，切实保障国有资本规范有序运行，促进国有资本做强做优做大，不断增强国有经济活力、控制力、影响力和抗风险能力，培育具有全球竞争力的世界一流企业。

2. 基本原则

——坚持党的领导。将坚持和加强党对国有企业的领导贯穿国有资本授权经营体制改革全过程和各方面，充分发挥党组织的领导作用，确保国有企业更好地贯彻落实党和国家方针政策、重大决策部署。

——坚持政企分开政资分开。坚持政府公共管理职能与国有资本出资人职能分开，依法理顺政府与国有企业的出资关系，依法确立国有企业的市场主体地位，最大限度减少政府对市场活动的直接干预。

——坚持权责明晰分类授权。政府授权出资人代表机构按照出资比例对国家出资企业履行出资人职责，科学界定出资人代表机构权责边界。国有企业享有完整的法人财产权和充分的经营自主权，承担国有资产保值增值责任。按照功能定位、治理能力、管理水平等企业发展实际情况，一企一策地对国有企业分类授权，做到权责对等、动态调整。

——坚持放管结合完善机制。加快调整优化出资人代表机构职能和履职方式，加强清单管理和事中事后监管，该放的放权到位、该管的管住管好。建立统一规范的国有资产监管制度体系，精简监管事项，明确监管重点，创新监管手段，提升监管水平，防止国有资产流失，确保国有资产保值增值。

3. 主要目标

出资人代表机构加快转变职能和履职方式，切实减少对国有企业的行政干预。国有企业依法建立规范的董事会，董事会职权得到有效落实。将更多具备条件的中央企业纳入国有资本投资、运营公司试点范围，赋予企业更多经营自主权。到 2022 年，基本建成与中国特色现代国有企业制度相适应的国有资本授权经营体制，出资人代表机构与国家出资企业的权责边界界定清晰，授权放权机制运行有效，国有资产监管实现制度完备、标准统一、管理规范、实时在线、精准有力，国有企业的活力、创造力、市场竞争力和风险防控能力明显增强。

二、优化出资人代表机构履职方式

国务院授权国资委、财政部及其他部门、机构作为出资人代表机构，对国家出资企业履行出资人职责。出资人代表机构作为授权主体，要依法科学界定职责定位，加快转变履职方式，依据股权关系对国家出资企业开展授权放权。

1. 实行清单管理

制定出台出资人代表机构监管权力责任清单，清单以外事项由企业依法自主决策，清单以内事项要大幅减少审批或事前备案。将依法应由企业自主经营决策的事项归位于企业，将延伸到子企业的管理事项原则上归位于一级企业，原则上不干预企业经理层和职能部门的管理工作，将配合承担的公共管理职能归位于相关政府部门和单位。

2. 强化章程约束

依法依规、一企一策地制定公司章程，规范出资人代表机构、股东会、党组织、董事会、经理层和职工代表大会的权责，推动各治理主体严格依照公司章程行使权利、履行义务，充分发挥公司章程在公司治理中的基础作用。

3. 发挥董事作用

出资人代表机构主要通过董事体现出资人意志，依据股权关系向国家出资企业委派董事或提名董事人选，规范董事的权利和责任，明确工作目标和重点；建立出资人代表机构与董事的沟通对接平台，建立健全董事人才储备库和董事选聘、考评与培训机制，完善董事履职报告、董事会年度工作报告制度。

4. 创新监管方式

出资人代表机构以企业功能分类为基础，对国家出资企业进行分类管理、分类授权放权，切实转变行政化的履职方式，减少审批事项，强化事中事后监管，充分运用信息化手段，减轻企业工作负担，不断提高监管效能。

三、分类开展授权放权

出资人代表机构对国有资本投资、运营公司及其他商业类企业(含产业集团，下同)、公益类企业等不同类型企业给予不同范围、不同程度的授权放权，定期评估效果，采取扩大、调整或收回等措施动态调整。

1. 国有资本投资、运营公司

出资人代表机构根据《国务院关于推进国有资本投资、运营公司改革试点的实施意见》（国发〔2018〕23号）有关要求，结合企业发展阶段、行业特点、治理能力、管理基础等，一企一策有侧重、分先后地向符合条件的企业开展授权放权，维护好股东合法权益。授权放权内容主要包括战略规划和主业管理、选人用人和股权激励、工资总额和重大财务事项管理等，亦可根据企业实际情况增加其他方面授权放权内容。

战略规划和主业管理。授权国有资本投资、运营公司根据出资人代表机构的战略引领，自主决定发展规划和年度投资计划。国有资本投资公司围绕主业开展的商业模式创新业务可视同主业投资。授权国有资本投资、运营公司依法依规审核国有资本投资、运营公司之间的非上市公司产权无偿划转、非公开协议转让、非公开协议增资、产权置换等事项。

选人用人和股权激励。授权国有资本投资、运营公司董事会负责经理层选聘、业绩考核和薪酬管理（不含中管企业），积极探索董事会通过差额方式选聘经理层成员，推行职业经理人制度，对市场化选聘的职业经理人实行市场化薪酬分配制度，完善中长期激励机制。授权国有资本投资、运营公司董事会审批子企业股权激励方案，支持所出资企业依法合规采用股票期权、股票增值权、限制性股票、分红权、员工持股以及其他方式开展股权激励，股权激励预期收益作为投资性收入，不与其薪酬总水平挂钩。支持国有创业投资企业、创业投资管理企业等新产业、新业态、新商业模式类企业的核心团队持股和跟投。

工资总额和重大财务事项管理。国有资本投资、运营公司可以实行工资总额预算备案制，根据企业发展战略和薪酬策略、年度生产经营目标和经济效益，综合考虑劳动生产率提高和人工成本投入产出率、职工工资水平市场对标等情况，结合政府职能部门发布的工资指导线，编制年度工资总额预算。授权国有资本投资、运营公司自主决策重大担保管理、债务风险管控和部分债券类融资事项。

政府直接授权的国有资本投资、运营公司按照有关规定对授权范围内的国有资本履行出资人职责，遵循有关法律和证券市场监管规定开展国有资本运作。

2. 其他商业类企业和公益类企业

对未纳入国有资本投资、运营公司试点的其他商业类企业和公益类企业，要充分落实企业的经营自主权，出资人代表机构主要对集团公司层面实施监管或依据股权关系参与公司治理，不干预集团公司以下各级企业生产经营具体事项。对其中已完成公司制改制、董事会建设较规范的企业，要逐步落实董事会职权，维护董事会依法行使重大决策、选人用人、薪酬分配等权利，明确由董事会自主决定公司内部管理机构设置、基本管理制度制定、风险内控和法律合规管理体系建设以及履行对所出资企业的股东职责等事项。

四、加强企业行权能力建设

指导推动国有企业进一步完善公司治理体系，强化基础管理，优化集团管控，确保各项授权放权接得住、行得稳。

1. 完善公司治理

按照建设中国特色现代国有企业制度的要求，把加强党的领导和完善公司治理统一起来，加快形成有效制衡的公司法人治理结构、灵活高效的市场化经营机制。建设规范高效的董事会，完善董事会运作机制，提升董事会履职能力，激发经理层活力。要在所出资企业积极推行经理层市场化选聘和契约化管理，明确聘期以及企业与经理层成员双方的权利与责任，强化刚性考核，建立退出机制。

2. 夯实管理基础

按照统一制度规范、统一工作体系的原则，加强国有资产基础管理。推进管理创新，优化总部职能和管理架构。深化企业内部三项制度改革，实现管理人员能上能下、员工能进能出、收入能增能减。不断强化风险防控体系和内控机制建设，完善内部监督体系，有效发挥企业职工代表大会和内部审计、巡视、纪检监察等部门的监督作用。

3. 优化集团管控

国有资本投资公司以对战略性核心业务控股为主，建立以战略目标和财务效益为主的管控模式，重点关注所出资企业执行公司战略和资本回报状况。国有资本运营公司以财务性持股为主，建立财务管控模式，重点关注国有资本流动和增值状况。其他商业类企业和公益类企业以对核心业务控股为主，建立战略管控和运营管控相结合的模式，重点关注所承担国家战略使命和保障任务的落实状况。

4. 提升资本运作能力

国有资本投资、运营公司作为国有资本市场化运作的专业平台，以资本为纽带、以产权为基础开展国有资本运作。在所出资企业积极发展混合所有制，鼓励有条件的企业上市，引进战略投资者，提高资本流动性，放大国有资本功能。增强股权运作、价值管理等能力，通过清理退出一批、重组整合一批、创新发展一批，实现国有资本形态转换，变现后投向更需要国有资本集中的行业和领域。

五、完善监督监管体系

通过健全制度、创新手段，整合监督资源，严格责任追究，实现对国有资本的全面有效监管，切实维护国有资产安全，坚决防止国有资产流失。

1. 搭建实时在线的国资监管平台

出资人代表机构要加快优化监管流程、创新监管手段，充分运用信息技术，整合包括产权、投资和财务等在内的信息系统，搭建连通出资人代表机构与企业的网络平台，实现监管信息系统全覆盖和实时在线监管。建立模块化、专业化的信息采集、分析和报告机制，加强信息共享，增强监管的针对性和及时性。

2. 统筹协同各类监督力量

加强国有企业内部监督、出资人监督和审计、纪检监察、巡视监督以及社会监督，结合中央企业纪检监察机构派驻改革的要求，依照有关规定清晰界定各类监督主体的监督职责，有效整合企业内外部监督资源，增强监督工作合力，形成监督工作闭环，加快建立全面覆盖、分工明确、协同配合、制约有力的国有资产监督体系，切实增强监督有效性。

3. 健全国有企业违规经营投资责任追究制度

明确企业作为维护国有资产安全、防止流失的责任主体，健全内部管理制度，严格执行国有企业违规经营投资责任追究制度。建立健全分级分层、有效衔接、上下贯通的责任追究工作体系，严格界定违规经营投资责任，严肃追究问责，实行重大决策终身责任追究制度。

六、坚持和加强党的全面领导

将坚持和加强党的全面领导贯穿改革的全过程和各方面，在思想上政治上行动上同党中央保持高度一致，为改革提供坚强有力的政治保证。

1. 加强对授权放权工作的领导

授权主体的党委（党组）要加强对授权放权工作的领导，深入研究授权放权相关问题，加强行权能力建设，加快完善有效监管体制，抓研究谋划、抓部署推动、抓督促落实，确保中央关于国有资本授权经营体制改革的决策部署落实到位。

2. 改进对企业党建工作的领导、指导和督导

上级党组织加强对国有企业党建工作的领导，出资人代表机构党组织负责国家出资企业党的建设。国家出资企业党组织要认真落实党中央、上级党组织、出资人代表机构党组织在党的领导、党的建设方面提出的工作要求。在改组组建国有资本投资、运营公司过程中，按照“四同步”“四对接”的要求调整和设置党的组织、开展党的工作，确保企业始终在党的领导下开展工作。

3. 充分发挥企业党组织的领导作用

企业党委（党组）要切实发挥领导作用，把方向、管大局、保落实，依照有关规定讨论和决定企业重大事项，并作为董事会、经理层决策重大事项的前置程序。要妥善处理好各治理主体的关系，董事会、经理层等治理主体要自觉维护党组织权威，根据各自职能分工发挥作用，既要保证董事会对重大问题的决策权，又要保证党组织的意图在重大决策中得到体现。董事会、经理层中的党员要坚决贯彻落实党组织决定，向党组织报告落实情况。在推行经理层成员聘任制和契约化管理、探索职业经理人制度等改革过程中，要把坚持党管干部原则和发挥市场机制

作用结合起来，保证党对干部人事工作的领导权和对重要干部的管理权，落实董事会、经理层的选人用人权。

七、周密组织科学实施

各地区、各部门、各出资人代表机构和广大国有企业要充分认识推进国有资本授权经营体制改革的重要意义，准确把握改革精神，各司其职、密切配合，按照精细严谨、稳妥推进的工作要求，坚持一企一策、因企施策，不搞批发式、不设时间表，对具备条件的，成熟一个推动一个，运行一个成功一个，不具备条件的不急于推进，确保改革规范有序进行，推动国有企业实现高质量发展。

1. 加强组织领导，明确职责分工

国务院国有企业改革领导小组负责统筹领导和协调推动国有资本授权经营体制改革工作，研究协调相关重大问题。出资人代表机构要落实授权放权的主体责任。国务院国有企业改革领导小组各成员单位及有关部门根据职责分工，加快研究制定配套政策措施，指导推动改革实践，形成合力共同推进改革工作。

2. 健全法律政策，完善保障机制

加快推动国有资本授权经营体制改革涉及的法律法规的立改废释工作，制定出台配套政策法规，确保改革于法有据。建立健全容错纠错机制，全面落实“三个区分开来”，充分调动和激发广大干部职工参与改革的积极性、主动性和创造性。

3. 强化跟踪督导，确保稳步推进

建立健全督查制度，加强跟踪督促，定期总结评估各项改革举措的执行情况和实施效果，及时研究解决改革中遇到的问题，确保改革目标如期实现。

4. 做好宣传引导，营造良好氛围

坚持鼓励探索、实践、创新的工作导向和舆论导向，采取多种方式解读宣传改革国有资本授权经营体制的方针政策，积极宣介推广改革典型案例和成功经验，营造有利于改革的良好环境。

各省（区、市）人民政府要按照本方案要求，结合实际推进本地区国有资本授权经营体制改革工作。[①]

金融、文化等国有企业的改革，按照中央有关规定执行。

① 国务院关于印发改革国有资本授权经营体制方案的通知[EB/OL].[2018-04-19]. http://www.gov.cn/zhengce/content/2019-04/28/content_5387112.htm.

关于印发《国务院国资委授权放权清单（2019 年版）》的通知

各中央企业，各省、自治区、直辖市及计划单列市和新疆生产建设兵团国资委：

为深入贯彻党中央、国务院关于深化国资国企改革的决策部署，落实《国务院关于印发改革国有资本授权经营体制方案的通知》（国发〔2019〕9 号）精神，加快实现从管企业向管资本转变，更好履行出资人职责，进一步加大授权放权力度，切实增强微观主体活力，我委制定了《国务院国资委授权放权清单（2019 年版）》（以下简称《清单》），现印发给你们，并将有关事项通知如下：

一、分类开展授权放权

《清单》结合企业的功能定位、治理能力、管理水平等企业改革发展实际，分别针对各中央企业、综合改革试点企业、国有资本投资、运营公司试点企业以及特定企业相应明确了授权放权事项。同时，集团公司要对所属企业同步开展授权放权，做到层层“松绑”，全面激发各层级企业活力。

二、加强行权能力建设

各中央企业要坚持中国特色现代国有企业制度，把加强党的领导和完善公司治理统一起来，加快形成有效制衡的公司法人治理结构、灵活高效的市场化经营机制。要夯实管理基础，优化集团管控，健全完善风险、内控和合规体系，确保各项授权放权接得住、行得稳。

三、完善监督管理体系

国务院国资委将加强事中事后监管，采取健全监管制度、统筹监督力量、严格责任追究、搭建实时在线的国资监管平台等方式，确保该放的放权到位、该管的管住管好，实现授权与监管相结合、放活与管好相统一。

四、建立动态调整机制

国务院国资委将加强跟踪督导，定期评估授权放权的执行情况和实施效果，采取扩大、调整或收回等措施动态调整授权放权事项。

请各中央企业结合实际抓好贯彻落实，工作中遇到的情况和问题及时报告国务院国资委。

各地国资委要按照国发〔2019〕9号文件要求，结合实际积极推进本地区国有资本授权经营体制改革，制定授权放权清单，赋予企业更多自主权，促进激发微观主体活力与管住管好国有资本有机结合。国务院国资委将加强指导督促，推动授权放权工作有序开展、全面落实。

国务院国资委

2019年6月3日

国务院国资委授权放权清单（2019 年版）

一、对各中央企业的授权放权事项

（1）中央企业审批所属企业的混合所有制改革方案（主业处于关系国家安全、国民经济命脉的重要行业和关键领域，主要承担重大专项任务的子企业除外）。

（2）中央企业决定国有参股非上市企业与非国有控股上市公司的资产重组事项。

（3）授权中央企业决定集团及所属企业以非公开协议方式参与其他子企业的增资行为及相应的资产评估（主业处于关系国家安全、国民经济命脉的重要行业和关键领域，主要承担重大专项任务的子企业除外）。

（4）中央企业审批所持有非上市股份有限公司的国有股权管理方案和股权变动事项（主业处于关系国家安全、国民经济命脉的重要行业和关键领域，主要承担重大专项任务的子企业除外）。

（5）中央企业审批国有股东所持有上市公司股份在集团内部的无偿划转、非公开协议转让事项。

（6）中央企业审批国有参股股东所持有上市公司国有股权公开征集转让、发行可交换公司债券事项。

（7）中央企业审批未导致上市公司控股权转移的国有股东通过证券交易系统增持、协议受让、认购上市公司发行股票等事项。

（8）中央企业审批未触及证监会规定的重大资产重组标准的国有股东与所控股上市公司进行资产重组事项。

（9）中央企业审批国有股东通过证券交易系统转让一定比例或数量范围内所持有上市公司股份事项，同时应符合国有控股股东持股比例不低于合理持股比例的要求。

（10）中央企业审批未导致国有控股股东持股比例低于合理持股比例的公开征集转让、发行可交换公司债券及所控股上市公司发行证券事项。

（11）授权中央企业决定公司发行短期债券、中长期票据和所属企业发行各类债券等部分债券类融资事项。对于中央企业集团公司发行的中长期债券，国资委仅审批发债额度，在额度范围内的发债不再审批。

（12）支持中央企业所属企业按照市场化选聘、契约化管理、差异化薪酬、市场化退出的原则，采取公开遴选、竞聘上岗、公开招聘、委托推荐等市场化方式选聘职业经理人，合理增加市场化选聘比例，加快建立职业经理人制度。

（13）支持中央企业所属企业市场化选聘的职业经理人实行市场化薪酬分配制度，薪酬总水平由相应子企业的董事会根据国家相关政策，参考境内市场同类可比人员薪酬价位，统筹考虑企业发展战略、经营目标及成效、薪酬策略等因素，与职业经理人协商确定，可以采取多种方式探索完善中长期激励机制。

（14）对商业一类和部分符合条件的商业二类中央企业实行工资总额预算备案制管理。

（15）中央企业审批所属科技型子企业股权和分红激励方案，企业实施分红激励所需支出计入工资总额，但不受当年本单位工资总额限制、不纳入本单位工资总额基数，不作为企业职工教育经费、工会经费、社会保险费、补充养老及补充医疗保险费、住房公积金等的计提依据。

（16）中央企业集团年金总体方案报国资委事后备案，中央企业审批所属企业制定的具体年金实施方案。

（17）中央企业控股上市公司股权激励计划报国资委同意后，中央企业审批分期实施方案。

(18) 支持中央企业在符合条件的所属企业开展多种形式的股权激励，股权激励的实际收益水平，不与员工个人薪酬总水平挂钩，不纳入本单位工资总额基数。

(19) 中央企业决定与借款费用、股份支付、应付债券等会计事项相关的会计政策和会计估计变更。

(20) 授权中央企业（负债水平高、财务风险较大的中央企业除外）合理确定公司担保规模，制定担保风险防范措施，决定集团内部担保事项，向集团外中央企业的担保事项不再报国资委备案。但不得向中央企业以外的其他企业进行担保。

(21) 授权中央企业（负债水平高、财务风险较大的中央企业除外）根据《中央企业降杠杆减负债专项工作目标责任书》的管控目标，制定债务风险管理制度，合理安排长短期负债比重，强化对所属企业的资产负债约束，建立债务风险动态监测和预警机制。

二、对综合改革试点企业的授权放权事项（包括国有资本投资、运营公司试点企业、创建世界一流示范企业、东北地区中央企业综合改革试点企业、落实董事会职权试点企业等）

(1) 授权董事会审批企业五年发展战略和规划，向国资委报告结果。中央企业按照国家规划周期、国民经济和社会发展五年规划建议，以及国有经济布局结构调整方向和中央企业中长期发展规划要求，组织编制本企业五年发展战略和规划，经董事会批准后实施。

(2) 授权董事会按照《中央企业投资监督管理办法》（国资委令第34号）要求批准年度投资计划，报国资委备案。

(3) 授权董事会决定在年度投资计划的投资规模内，将主业范围内的计划外新增投资项目与计划内主业投资项目进行适当调剂。相关投资项目应符合负面清单要求。

(4) 授权董事会决定主业范围内的计划外新增股权投资项目，总投资规模变动超过10%的，应及时调整年度投资计划并向国资委报告。相关投资项目应符合负面清单要求。

三、对国有资本投资、运营公司试点企业的授权放权事项

（1）授权董事会按照企业发展战略和规划决策适度开展与主业紧密相关的商业模式创新业务，国资委对其视同主业投资管理。

（2）授权董事会在已批准的主业范围以外，根据落实国家战略需要、国有经济布局结构调整方向、中央企业中长期发展规划、企业五年发展战略和规划，研究提出拟培育发展的1~3个新业务领域，报国资委同意后，视同主业管理。待发展成熟后，可向国资委申请将其调整为主业。

（3）授权董事会在5%~15%的比例范围内提出年度非主业投资比例限额，报国资委同意后实施。

（4）授权国有资本投资、运营公司按照国有产权管理规定审批国有资本投资、运营公司之间的非上市企业产权无偿划转、非公开协议转让、非公开协议增资、产权置换等事项。

（5）授权董事会审批所属创业投资企业、创业投资管理企业等新产业、新业态、新商业模式类企业的核心团队持股和跟投事项，有关事项的开展情况按年度报国资委备案。

（6）授权中央企业探索更加灵活高效的工资总额管理方式。

四、对特定企业的授权放权事项

（1）对集团总部在香港地区、澳门地区的中央企业在本地区的投资，可视同境内投资进行管理。

（2）授权落实董事会职权试点中央企业董事会根据中央企业负责人薪酬管理有关制度，制定经理层成员薪酬管理办法，决定经理层成员薪酬分配。企业经理层成员薪酬管理办法和薪酬管理重大事项报国资委

备案。

(3) 授权落实董事会职权试点中央企业董事会对副职经理人员进行评价，评价结果按一定权重计入国资委对企业高管人员的评价中。

(4) 授权行业周期性特征明显、经济效益年度间波动较大或者存在其他特殊情况的中央企业，工资总额预算可以探索按周期进行管理，周期最长不超过三年，周期内的工资总额增长应当符合工资与效益联动的要求。